Impressum
Verlag: BABADADA GmbH, Nedderfeld 112 , 22529 Hamburg
Geschäftsführer / Verlagsleitung: Harald Hof
Druck: Books on Demand GmbH, In de Tarpen 42, 22848 Norderstedt

Imprint
Publisher: BABADADA GmbH, Nedderfeld 112 , 22529 Hamburg, Germany
Managing Director / Publishing direction: Harald Hof
Print: Books on Demand GmbH, In de Tarpen 42, 22848 Norderstedt

# mekdep
# σχολείο

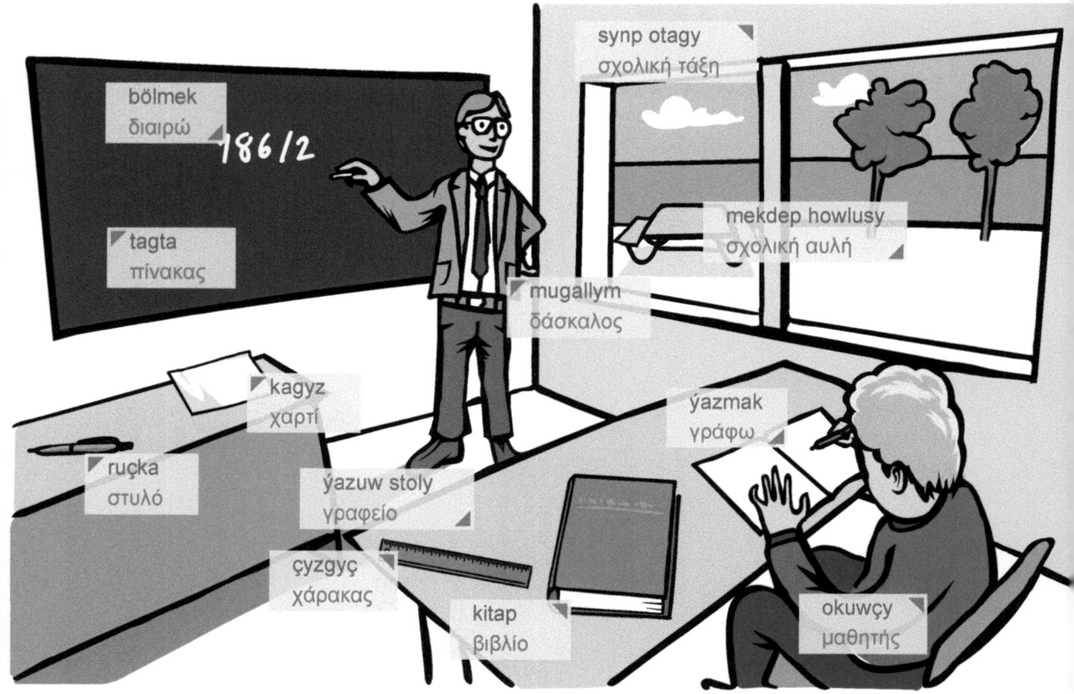

synp otagy
σχολική τάξη
bölmek
διαιρώ
186/2
tagta
πίνακας
mekdep howlusy
σχολική αυλή
mugallym
δάσκαλος
kagyz
χαρτί
ýazmak
γράφω
ruçka
στυλό
ýazuw stoly
γραφείο
çyzgyç
χάρακας
kitap
βιβλίο
okuwçy
μαθητής


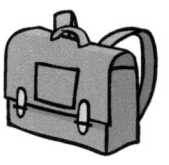

ranes

σχολική τσάντα

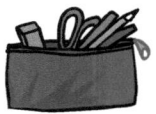

penal

κασετίνα/ μολυβοθήκη

galam

μολύβι

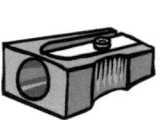

galam artylýan

ξύστρα

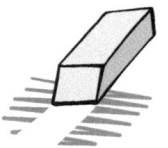

bozguç

γόμα

surat çekmek üçin albom

μπλοκ ζωγραφικής

surat

ζωγραφική

çotgajyk

πινέλο

reňkli guty

κουτί χρωμάτων

gaýçy

ψαλίδι

ýelim

κόλλα

depder

τετράδιο ασκήσεων

öý işi

εργασία για το σπίτι

san

αριθμός

goşmak

προσθέτω

aýyrmak

αφαιρώ

köpeltmek

πολλαπλασιάζω

hasaplamak

υπολογίζω

harp

γράμμα

elipbiý

αλφάβητο

söz

λέξη

tekst

κείμενο

okamak

διαβάζω

hek

κιμωλία

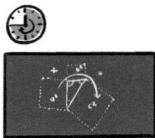

sapak

μάθημα

synp dergisi

εγγράφομαι

synag

τεστ

diplom

πιστοποιητικό

mekdep lybasy

μαθητική στολή

bilim

εκπαίδευση

ensiklopediýa

εγκυκλοπαίδεια

uniwersitet

πανεπιστήμιο

mikroskop

μικροσκόπιο

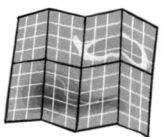

karta

χάρτης

kagyz üçin sebet

καλάθι αχρήστων

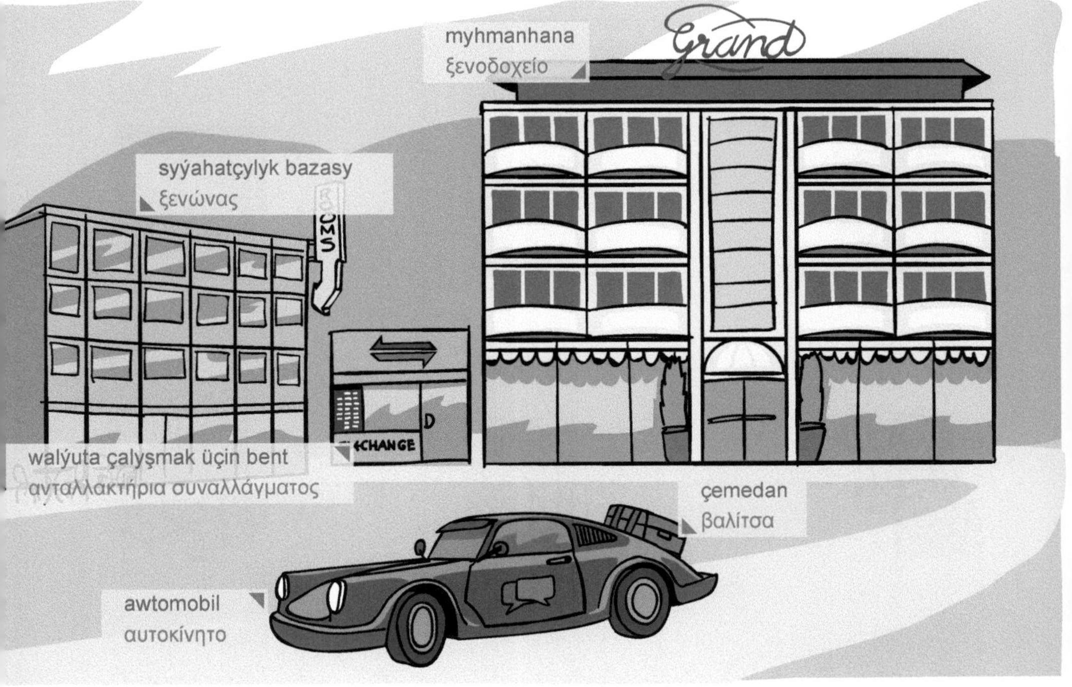

myhmanhana
ξενοδοχείο
Grand
syýahatçylyk bazasy
ξενώνας
ROOMS
EXCHANGE
walýuta çalyşmak üçin bent
ανταλλακτήρια συναλλάγματος
çemedan
βαλίτσα
awtomobil
αυτοκίνητο

dil
γλώσσα

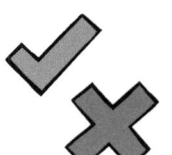

hawwa / ýok
ναι / όχι

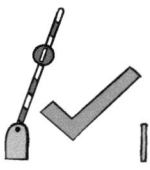

bolýa
εντάξει

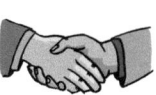

salam
γεια σου

terjimeçi
μεταφραστής

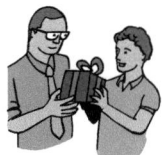

Minnetdar
Ευχαριστώ

bahasy näçe?

πόσο κάνει ;

men düşünmeýärin

Δε καταλαβαίνω

mesele

πρόβλημα

Agşamyňyz haýyr!

Καλησπέρα!

Ertiriňiz haýyrly!

Καλημέρα!

Gijäňiz rahat bolsun!

Καληνύχτα!

görüşýänçäk

Αντίο

ugur

κατεύθυνση

ýük

αποσκευές

torba

τσάντα

eginden asylýan torba

σακίδιο πλάτης

myhman

καλεσμένος

otag

δωμάτιο

halta ýorgan

υπνόσακος

çadyr

σκηνή

syýahatçylyk maglumaty

τουριστικές πληροφορίες

kenarýaka

παραλία

karz karty

πιστωτική κάρτα

ertirlik

πρωινό

günortanlyk

μεσημεριανό

agşamlyk

δείπνο

petek

εισιτήριο

lift

ανελκυστήρας

poçta markasy

γραμματόσημο

çäk

σύνορα

gümrük

τελωνείο

ilçihana

πρεσβεία

wiza

βίζα

pasport

διαβατήριο

# ulag

# μεταφορά

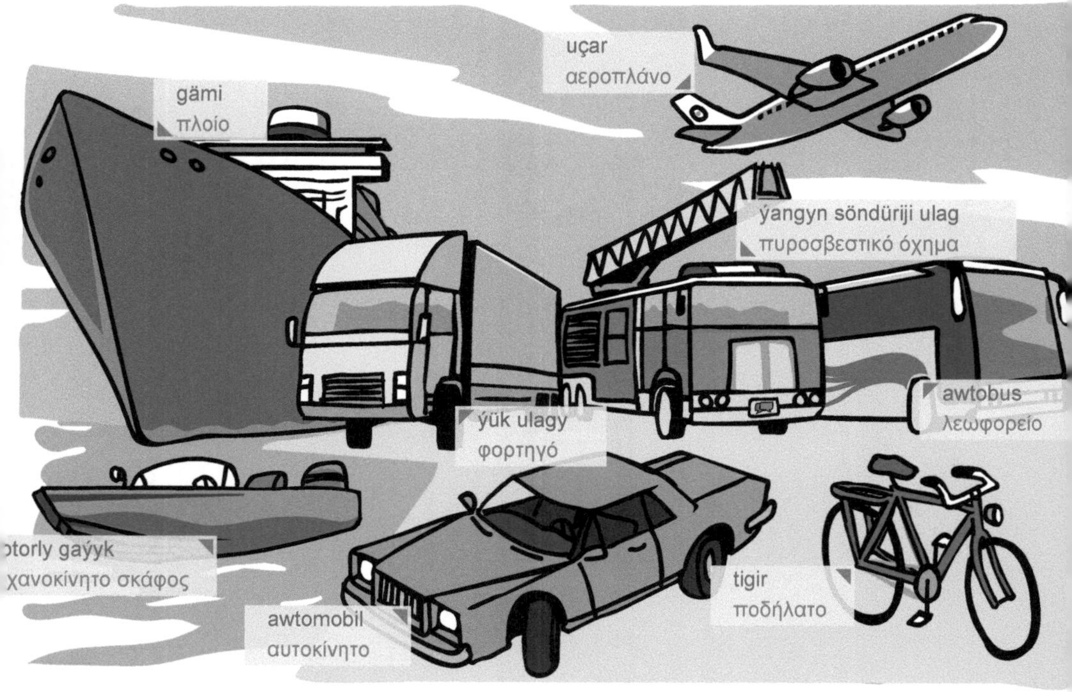

uçar
αεροπλάνο
gämi
πλοίο
ýangyn söndüriji ulag
πυροσβεστικό όχημα
awtobus
λεωφορείο
ýük ulagy
φορτηγό
torly gaýyk
χανοκίνητο σκάφος
tigir
ποδήλατο
awtomobil
αυτοκίνητο


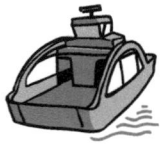

parom

φεριμπότ

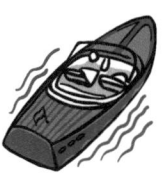

gaýyk

βάρκα

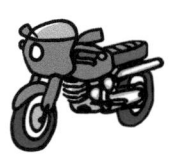

motosikl

μοτοσικλέτα

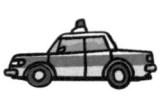

polisiýa ulagy

περιπολικό

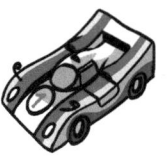

çapyşyk

αγωνιστικό αυτοκίνητο

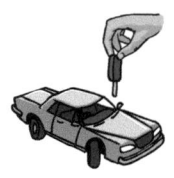

kärendä alnan ulga

ενοικιαζόμενο αυτοκίνητο

ulagy bilelikde ulanmak

διαμοιρασμός αυτοκινήτων

tirkeg ulagy

γερανός

zir-zibil daşaýan ulag

απορριμματοφόρο

hereketlendiriji

κινητήρας

ýangyç

καύσιμο

guýma

βενζινάδικο

ýol belgisi

πινακίδα σήμανσης

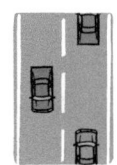

hereket

κυκλοφορία

dyky

κυκλοφοριακή συμφόρηση

awtoduralga

χώρος στάθμευσης

menzil

σιδηροδρομικός σταθμός

seplem

σιδηροδρομικές γραμμές

otly

τρένο

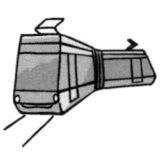

tramwaý

τραμ

wagon

βαγόνι

dik uçar

ελικόπτερο

howa menzili

αεροδρόμιο

minara

πύργος

ýolagçy

επιβάτης

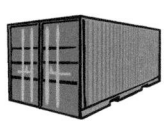

konteýner

εμπορευματοκιβώτιο

guty

χαρτοκιβώτιο

araba

καρότσι

sebet

καλάθι

uçmak / gonmak

απογειώνομαι /
προσγειόνομαι

## şäher

## πόλη

oba

χωριό

şäher merkezi

κέντρο της πόλης

öý

σπίτι

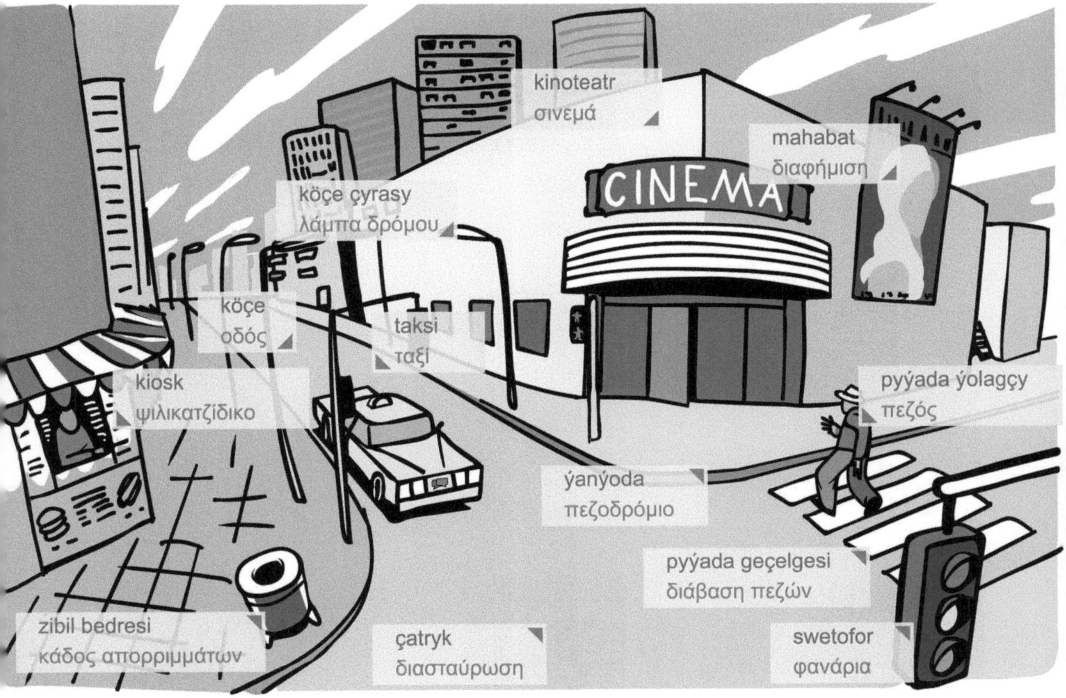
kinoteatr
σινεμά
CINEMA
mahabat
διαφήμιση
köçe çyrasy
λάμπα δρόμου
köçe
οδός
taksi
ταξί
kiosk
ψιλικατζίδικο
pyýada ýolagçy
πεζός
ýanýoda
πεζοδρόμιο
pyýada geçelgesi
διάβαση πεζών
zibil bedresi
κάδος απορριμμάτων
çatryk
διασταύρωση
swetofor
φανάρια

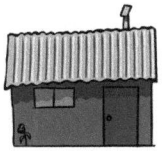

kepbe

καλύβα

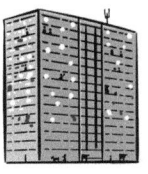

öý

διαμέρισμα

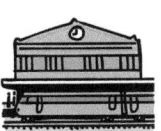

menzil

σιδηροδρομικός σταθμός

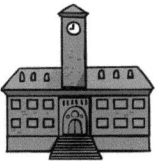

şäher häkimligi

δημαρχείο

MUSEUM

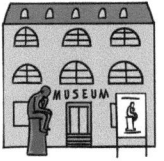

muzeý

μουσείο

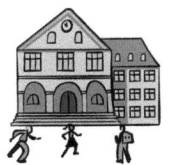

mekdep

σχολείο

uniwersitet

πανεπιστήμιο

bank

τράπεζα

hassahana

νοσοκομείο

myhmanhana

ξενοδοχείο

dermanhana

φαρμακείο

ofis

γραφείο

kitap dükany

βιβλιοπωλείο

dükan

κατάστημα

gül dükany

ανθοπωλείο

supermarket

σούπερ μάρκετ

bazar

αγορά

uniwermag

πολυκατάστημα

balyk söwdagäri

ιχθυοπωλείο

söwda merkezi

εμπορικό κέντρο

port

λιμάνι

park
πάρκο

oturgyç
παγκάκι

köpri
γέφυρα

merdiwan
σκάλες

metro
μετρό

ötük
τούνελ

awtobus
στάση λεωφορείου

bar
μπαρ

restoran
εστιατόριο

poçta gutusy
γραμματοκιβώτιο

köçäni adyny görkezýän
ýazgy
πινακίδα δρόμου

parkometr
παρκόμετρο

haýwanat bagy
ζωολογικός κήπος

basseýn
πισίνα

metjit
τζαμί

şäher - πόλη 13

ferma

αγρόκτημα

daşky gurşawyň hapalanmagy

ρύπανση

gonamçylyk

νεκροταφείο

buthana

εκκλησία

çaga meýdançasy

παιδική χαρά

ybadathana

ναός

## landşaft

## τοπίο

ýaprak
φύλλο

ýol görkeziji
πινακίδα κατεύθυνσης

ýol
δρόμος

ýaýla
λιβάδι

daş
πέτρα

syýahatçy
πεζοπόρος

agaç
δέντρο

derýa
ποτάμι

ot
χορτάρι

gül
λουλούδι

dere

κοιλάδα

dag

λόφος

köl

λίμνη

tokaý

δάσος

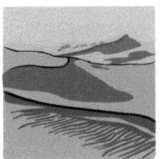

çöl

έρημος

wulkan

ηφαίστειο

gulp

κάστρο

älemgoşar

ουράνιο τόξο

kömelek

μανιτάρι

palma agajy

φοίνικας

çybyn

κουνούπι

sinek

μύγα

garynja

μυρμήγκι

bal arysy

μέλισσα

möý

αράχνη

tomzak

σκαθάρι

gurbaga

βάτραχος

awusi̇ýdik

σκίουρος

kirpi

σκαντζόχοιρος

towşan

λαγός

baýguş

κουκουβάγια

guş

πουλί

guw

κύκνος

ýekegapan

αγριογούρουνο

sugun

ελάφι

los

άλκη

bent

φράγμα

şemal generatory

ανεμογεννήτρια

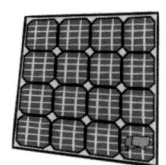

gün batareýasy

ηλιακός συλλέκτης

howa

κλίμα

# restoran
# εστιατόριο

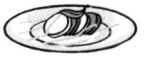

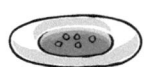

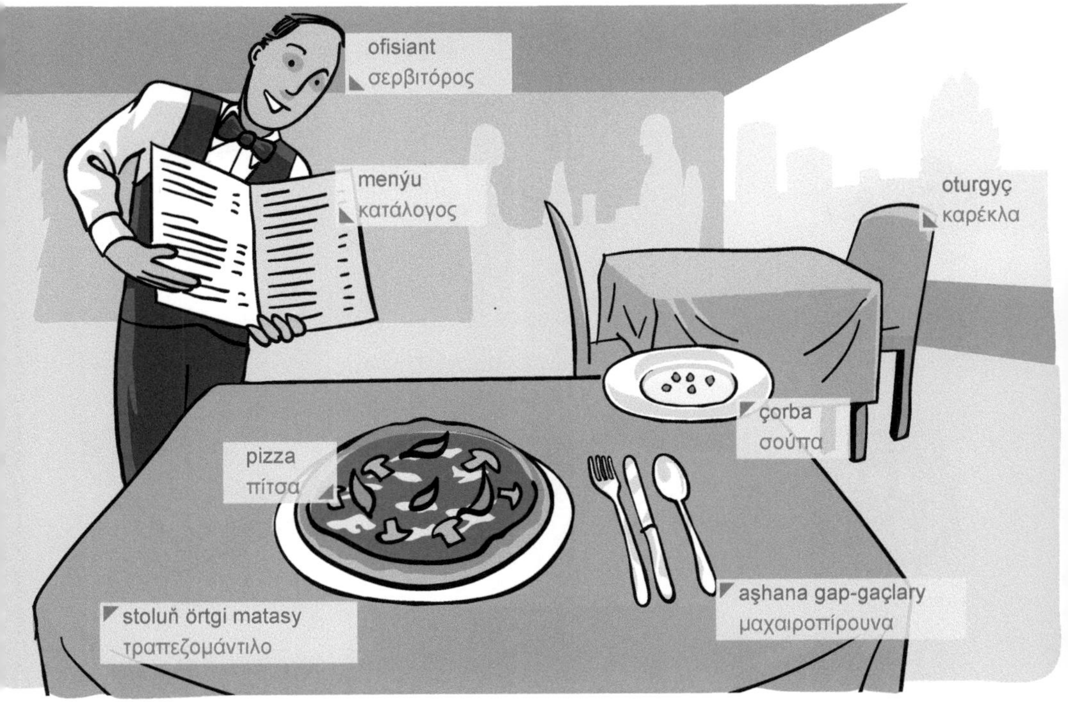
ofisiant
σερβιτόρος
menýu
κατάλογος
oturgyç
καρέκλα
çorba
σούπα
pizza
πίτσα
aşhana gap-gaçlary
μαχαιροπίρουνα
stoluň örtgi matasy
τραπεζομάντιλο

garbanma

ορεκτικό

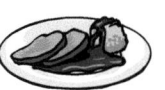

esasy tagam

κύριο πιάτο

süýjülik

επιδόρπιο

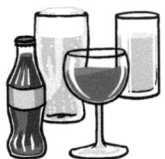

içgiler

ποτά

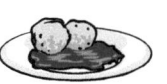

nahar

φαγητό

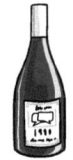

süýşe

μπουκάλι

tiz tagam

φαστ φουντ

köçe iýmiti

φαγητό στ' όρθιο

çäýnek, kitir

τσαγιέρα

şeker gaby

δοχείο ζάχαρης

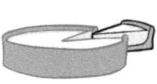

porsiýa

μερίδα

kofe gaýnadyjy

μηχανή εσπρέσο

çaga oturgyjy

ψηλή καρέκλα

hasap

λογαριασμός

mejme

δίσκος

pyçak

μαχαίρι

çarşak

πιρούνι

çemçe

κουτάλι

çaý çemçesi

κουταλάκι του τσαγιού

salfetka

πετσέτα φαγητού

bulgur

ποτήρι

restoran - εστιατόριο

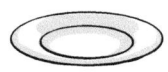

tarelka
πιάτο

çorba tarelkasy
πιάτο σούπας

tabajyk
πιατάκι φλιτζανιού

sous
σάλτσα

duz gaby
αλατιέρα

burçy üweýji
μύλος για πιπέρι

sirke
ξύδι

ýag
λάδι

huruş
μπαχαρικά

ketçup
κέτσαπ

gorçisa
μουστάρδα

maýonez
μαγιονέζα

# supermarket

# σούπερ μάρκετ

ýörite teklip
προσφορά
alyjy
πελάτης
süýt önümleri
γαλακτοκομικά προϊόντα
FOR
miweler
φρούτα
satyn alnan zatlar üçin araba
καρότσι για ψώνια

BUTCHERS

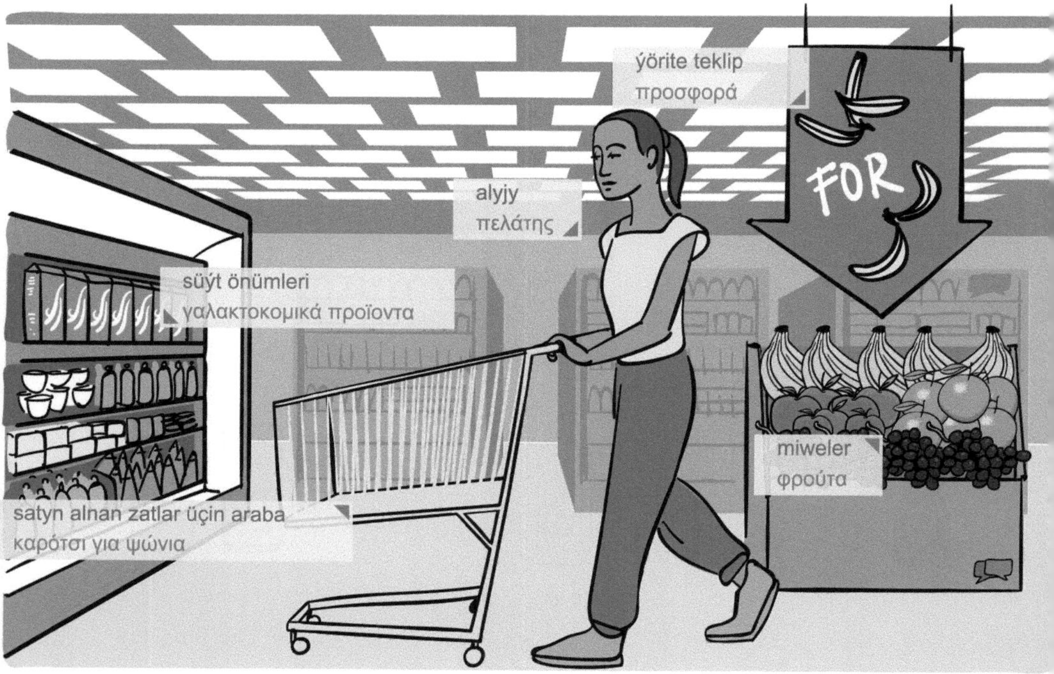

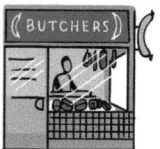

et dükany

κρεοπωλείο

BAKERY

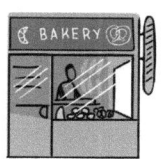

çörek kärhanasy

φούρνος

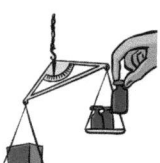

ölçemek

ζυγίζω

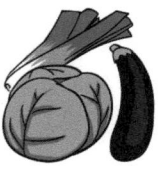

gök önümler

λαχανικά

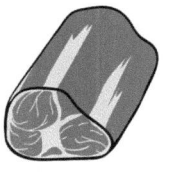

et

κρέας

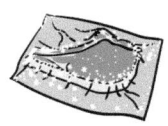

tiz doňýan önümler

κατεψυγμένα τρόφιμα

kesme

αλλαντικά

konserwirlenen önümler

κονσερβοποιημένη τροφή

kir ýuwujy toz

απορρυπαντικό ρούχων

süýjülikler

γλυκά

öýde ulanylýan zat

οικιακά είδη

ýuwujy serişde

καθαριστικά προϊόντα

satyjy aýal

πωλήτρια

kassa

ταμείο

pulhanaçy

ταμίας

satyn alynmaly zatlar

λίστα για ψώνια

iş wagty

ωράριο λειτουργίας

gapjyk

πορτοφόλι

karz karty

πιστωτική κάρτα

sumka

τσάντα

polietilen paket

πλαστική σακούλα

suw

νερό

şire

χυμός

süýt

γάλα

koka-kola

κόκα κόλα

wino

κρασί

piwo

μπίρα

alkogol

αλκοόλ

kakao

κακάο

çaý

τσάι

kofe

καφές

espresso

εσπρέσο

kapuçino

καπουτσίνο

banan

μπανάνα

alma

μήλο

pyrtykal

πορτοκάλι

garpyz

πεπόνι

limon

λεμόνι

käşir

καρότο

sarymsak

σκόρδο

bambuk

μπαμπού

sogan

κρεμμύδι

kömelek

μανιτάρι

hoz

ξηροί καρποί

un aş

νουντλς

spagetti

μακαρόνια

tüwi

ρύζι

işdäaçar

σαλάτα

gowurylan ýer alma

πατατάκια

gowurylan ýer alma

τηγανητές πατάτες

pizza

πίτσα

gamburger

χάμπουργκερ

sendwiç

σάντουιτς

üweme

κοτολέτα

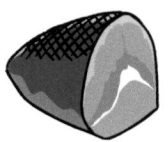

wetçina

ζαμπόν

salýami

σαλάμι

şöhlat

λουκάνικο

towuk

κοτόπουλο

gowrulyp taýýarlanýan nahar

ψητό

balyk

ψάρι

süle patragy

χυλός βρώμης

mýusli

μούσλι

mekgejöwen patragy

κορν φλέικς

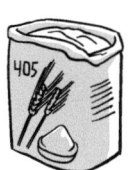

un

αλεύρι

kruassan

κρουασάν

bulka

ψωμάκι

çörek

ψωμί

tost

τοστ

köke

μπισκότα

ýag

βούτυρο

dorog

τυρόπηγμα

pirog

κέικ

ýumurtga

αυγό

heýgenek

τηγανητό αυγό

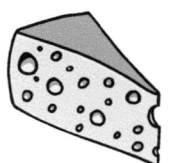

peýnir

τυρί

doňdurma

παγωτό

şeker

ζάχαρη

bal

μέλι

marmelad

μαρμελάδα

nogully krem

άλλειμμα σοκολάτας

karri

κάρυ

# ferma

# αγρόκτημα

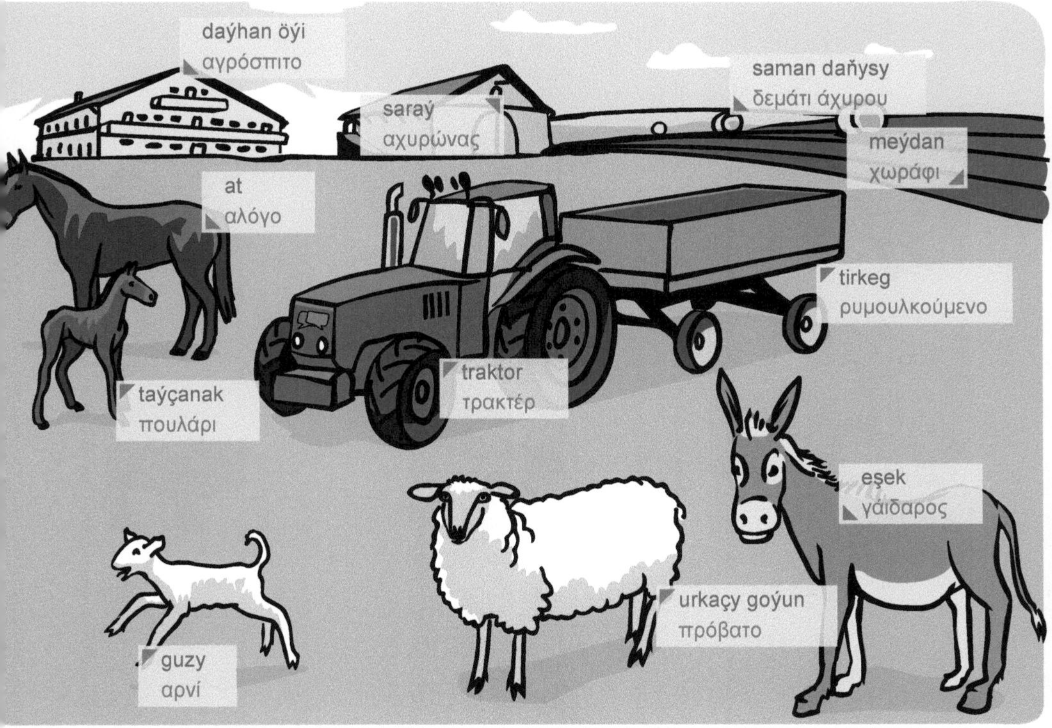
daýhan öýi
αγρόσπιτο
saraý
αχυρώνας
saman daňysy
δεμάτι άχυρου
meýdan
χωράφι
at
αλόγο
tirkeg
ρυμουλκούμενο
traktor
τρακτέρ
taýçanak
πουλάρι
eşek
γάιδαρος
urkaçy goýun
πρόβατο
guzy
αρνί

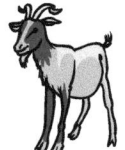

geçi

κατσίκα

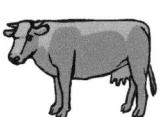

sygyr

αγελάδα

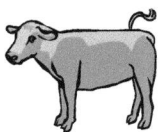

göle

μοσχαράκι

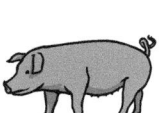

doňuz

γουρούνι

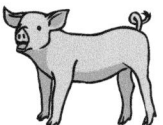

jojuk

γουρουνάκι

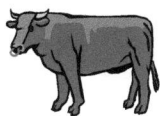

öküz

ταύρος

gaz

χήνα

ördek

πάπια

jüýje

κοτοπουλάκι

towuk

κότα

horaz

κόκορας

alaka

αρουραίος

pişik

γάτα

syçan

ποντίκι

öküz

βόδι

it

σκύλος

it ýatagy

σπιτάκι σκύλου

bag şlangy

λάστιχο κήπου

guýgyç

ποτιστήρι

orak

θεριστήρι

azal

αλέτρι

orak

δρεπάνι

kätmen

τσάπα

dökün çarşagy

δίκρανο

palta

τσεκούρι

galtak

χειράμαξα

kersen

ταΐστρα

süýt üçin tüññür

δοχείο γάλακτος

halta

σάκος

haýat

φράχτης

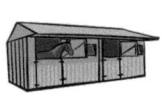

çörek

στάβλος

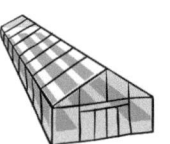

ýyladyşhana

θερμοκήπιο

toprak

έδαφος

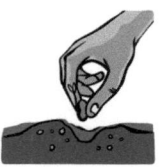

ekin

σπόρος

dökün

λίπασμα

kombaýn

θεριζοαλωνιστική μηχανή

hasyl ýygnamak
θερίζω

galla
συγκομιδή

ýams
γιαμς

bugdaý
σιτάρι

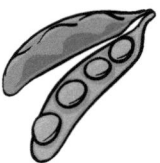

soýa
σόγια

ýeralma
πατάτα

mekgejöwen
καλαμπόκι

raps
κράμβη

miwe agajy
οπωροφόρο δέντρο

manioka
μανιόκα

däneli ösümlikler
δημητριακά

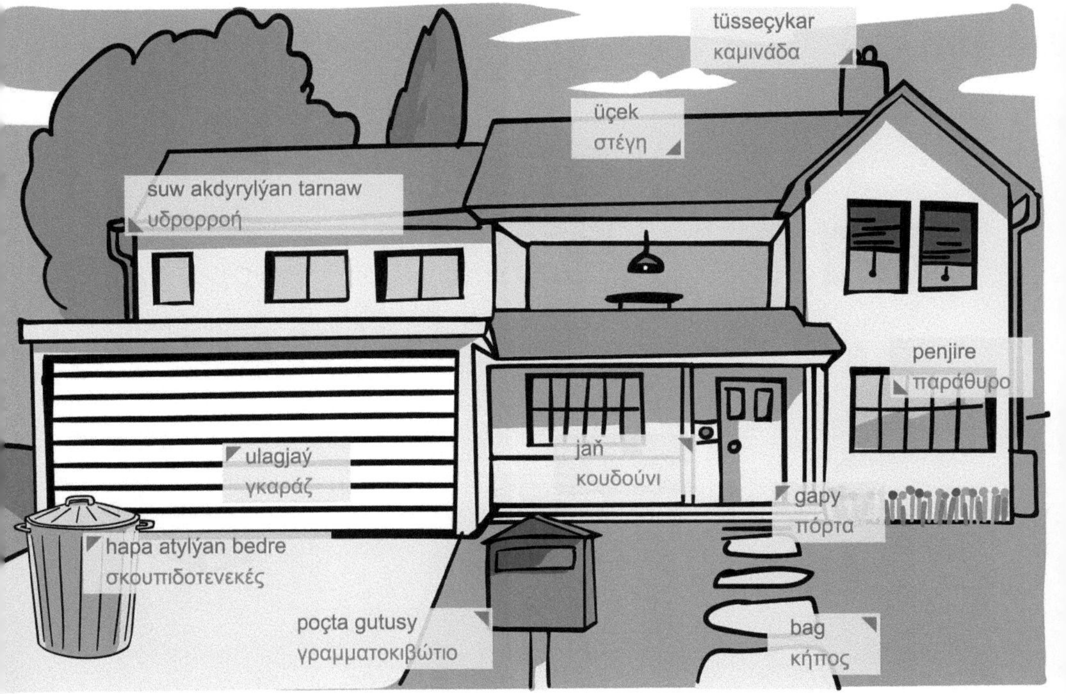

tüsseçykar
καμινάδα

üçek
στέγη

suw akdyrylýan tarnaw
υδρορροή

penjire
παράθυρο

ulagjaý
γκαράζ

jaň
κουδούνι

gapy
πόρτα

hapa atylýan bedre
σκουπιδοτενεκές

poçta gutusy
γραμματοκιβώτιο

bag
κήπος

myhman otagy

σαλόνι

wanna otagy

μπάνιο

aşhana

κουζίνα

ýatalga otagy

υπνοδωμάτιο

çaga otagy

παιδικό δωμάτιο

naharhana

τραπεζαρία

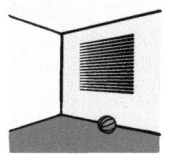

pol
πάτωμα

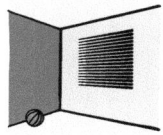

diwar
τοίχος

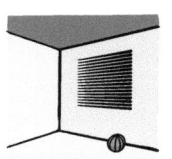

potolok
οροφή

ýerzemin
κελάρι

hamam
σάουνα

balkon
μπαλκόνι

eýwan
βεράντα

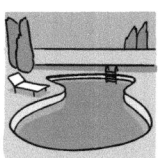

howdan
πισίνα

gazon orujy
μηχανή του γκαζόν

ýorgan daşlygy
σεντόνι

örtgi
κάλυμμα κρεβατιού

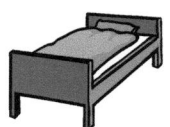

ýatakça
κρεβάτι

sübse
σκούπα

bedre
κουβάς

öçüriji
διακόπτης

# myhman otagy
## σαλόνι

oboýlar
ταπετσαρία
çekilen surat
φωτογραφία
çyra
λάμπα
tekje
ράφι
şkaf
ντουλάπι
telewizor
τηλεόραση
kamin
τζάκι
gül
λουλούδι
ýassyk
μαξιλάρι
diwan
καναπές
küýze
βάζο
aralykdan dolandyryş pulty
τηλεκοντρόλ

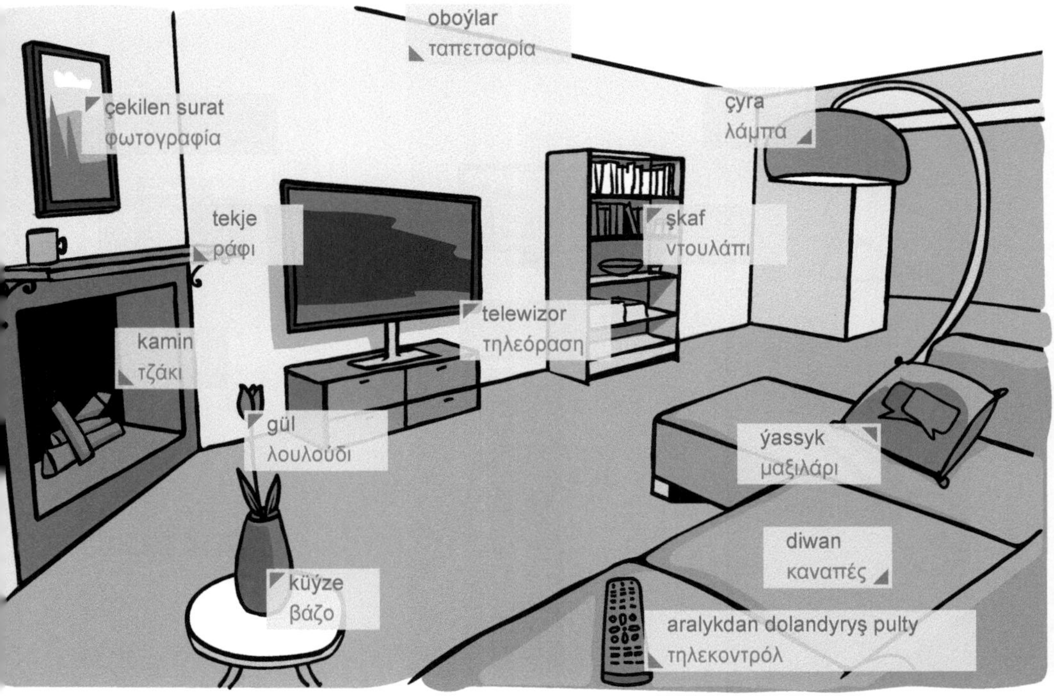

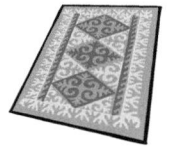

haly
χαλί

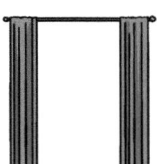

tuty
κουρτίνα

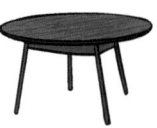

stol
τραπέζι

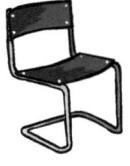

oturgyç
καρέκλα

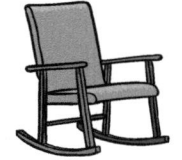

öňe-yza gaýdýan kürsi
κουνιστή πολυθρόνα

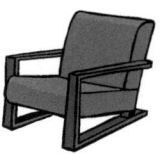

kürsi
πολυθρόνα

kitap

βιβλίο

örtgi

κουβέρτα

bezeg

διακόσμηση

odun

καυσόξυλα

film

ταινία

stereo ulgam

στερεοφωνικό σύστημα

açar

κλειδί

gazet

εφημερίδα

surat

πίνακας ζωγραφικής

ündewsurat

αφίσα

radio

ραδιόφωνο

bloknot

σημειωματάριο

tozan sorujy

ηλεκτρική σκούπα

kaktus

κάκτος

şem

κερί

# aşhana
# κουζίνα

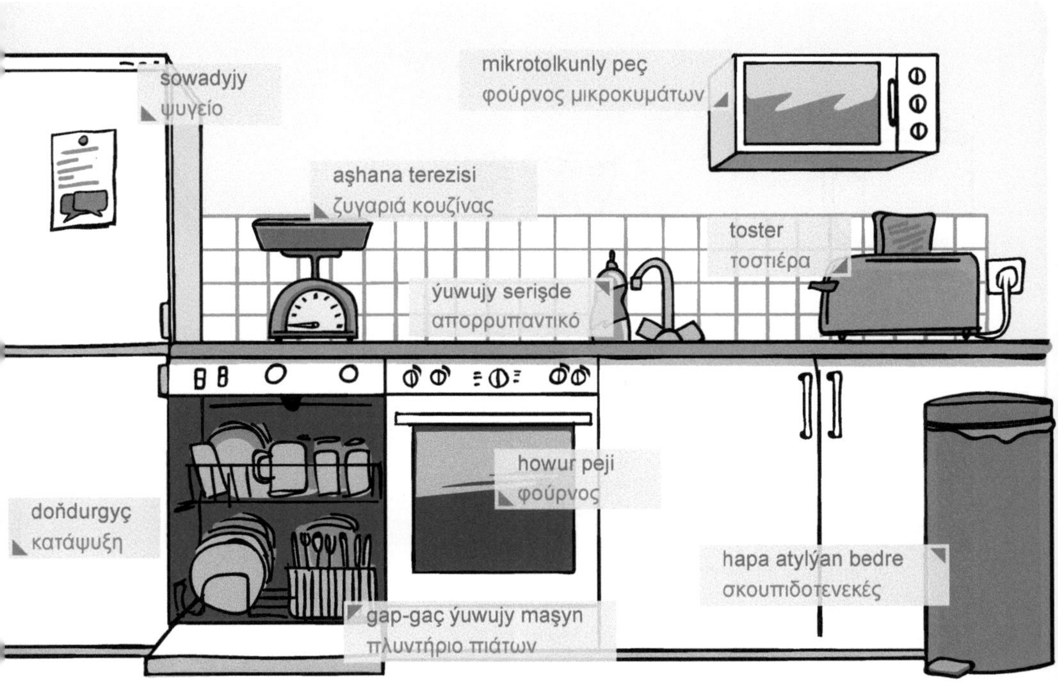
sowadyjy
ψυγείο
mikrotolkunly peç
φούρνος μικροκυμάτων
aşhana terezisi
ζυγαριά κουζίνας
toster
τοστιέρα
ýuwujy serişde
απορρυπαντικό
howur peji
φούρνος
doňdurgyç
κατάψυξη
hapa atylýan bedre
σκουπιδοτενεκές
gap-gaç ýuwujy maşyn
πλυντήριο πιάτων

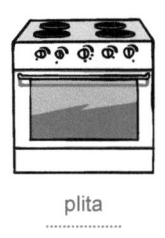

plita
κουζίνα

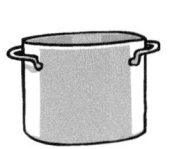

piti
κατσαρόλα

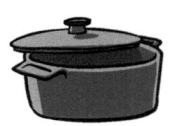

çoýun gazany
μαντεμένια κατσαρόλα

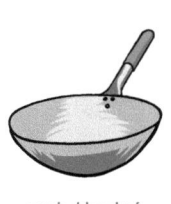

wok / kadaý
γουόκ/καντάι

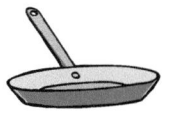

saç
τηγάνι

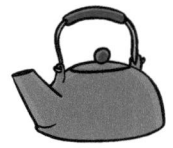

çäýnek, kitir
βραστήρας

bugda bişiriji
ατμομάγειρας

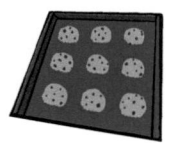

protiwen
ταψί

gap-gaç
πιατικά

kürşge
κούπα

jam
μπολ

nahar iýilýän taýajyklar
ξυλάκια

susak
κουτάλα

piljagaz
σπάτουλα

ýaýylýan maşyn
ανακατεύω

elek
σουρωτήρι

elek
σουρωτηράκι

gyrgyç
τρίφτης

soky
γουδί

gril
ψησταριά

ot
ανοιχτή φωτιά

tagta

σανίδα κοπής

oklaw

πλάστης

ştopor

ανοιχτήρι φελλών

tüneke banka

κονσέρβα

konserwa pyçagy

ανοιχτήρι κονσέρβας

tutguç

γάντι φούρνου

rakowina

νεροχύτης

çotga

βούρτσα

gubka

σφουγγάρι

mikser

μπλέντερ

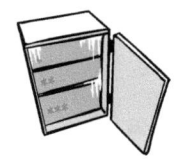

doňdurma kamerasy

καταψύκτης

çagany iýmitlendirmek üçin çüýşejik

μπιμπερό

kran

βρύση

# wanna otagy
## μπάνιο

ýyladyş
θέρμανση
süpürgiç
πετσέτα
duş
ντους
duş üçin tuty
κουρτίνα ντουζ
köpürjikli wanna
αφρόλουτρο
wanna
μπανιέρα
bulgur
ποτήρι
kir ýuwulýan maşyn
πλυντήριο ρούχων
kran
βρύση
plitka
πλακάκια
küýze
γιογιό
rakowina
νεροχύτης

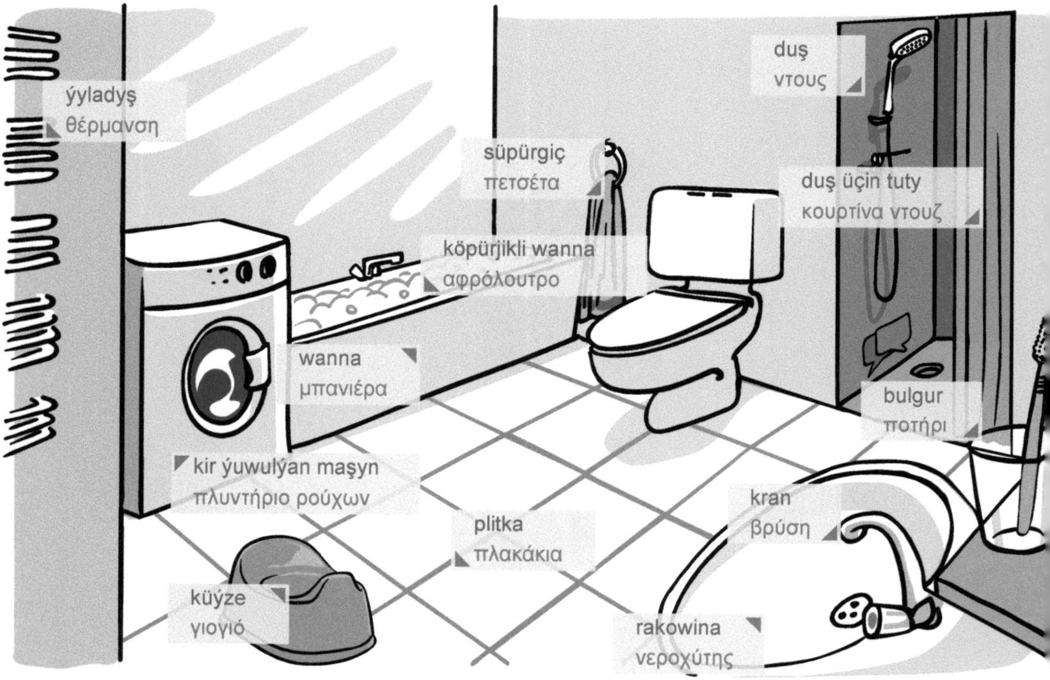

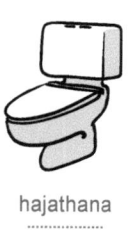

hajathana
τουαλέτα

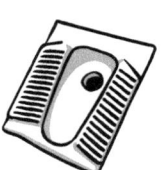

polda oturdylýan unitaz
τούρκικη τουαλέτα

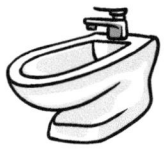

bide
μπιντές

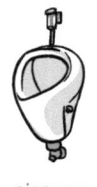

pissuar
ουρητήριο

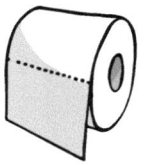

hajathana kagyzy
χαρτί υγείας

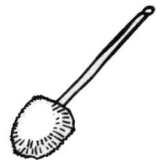

hajathana çotgasy
πιγκάλ

**diş çotgasy**

οδοντόβουρτσα

**diş pastasy**

οδοντόκρεμα

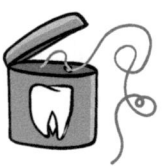

**diş sapagy**

οδοντικό νήμα

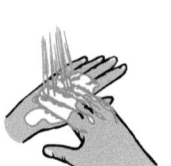

**ýuwmak**

πλένω

**el duşy**

τηλέφωνο ντους

**şahsy duş**

ντουσιέρα

**legen**

λεκάνη

**arka üçin çotga**

βούρτσα πλάτης

**sabyn**

σαπούνι

**duş üçin gel**

αφρόλουτρο

**şampun**

σαμπουάν

**moçalka**

φανέλα

**akyş**

σιφόνι

**krem**

κρέμα

**dezodorant**

αποσμητικό

aýna

καθρέφτης

el aýnasy

καθρέφτης χειρός

päki

ξυραφάκι

sakgal syrmak üçin köpürjik

αφρός ξυρίσματος

sakgal syrylanyndan soňky losýon

αφτερσέιβ

darak

χτένα

çotga

βούρτσα

fen

σεσουάρ

saç üçin lak

λακ

kosmetika

μακιγιάζ

dodaga çalynýan reňk

κραγιόν

dyrnaga çalynýan reňk

βερνίκι νυχιών

pamyk

βαμβάκι

manikýur gaýçysy

ψαλίδι νυχιών

atyr

άρωμα

kosmetika üçin gutujyk

νεσεσέρ

oturgyç

σκαμπό

terezi

ζυγαριά

halat

μπουρνούζι

rezin ellik

ελαστικά γάντια

tampon

ταμπόν

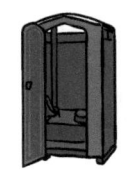

gigiýena prokladkasy

πετσέτα υγιεινής

biohajathana

χημική τουαλέτα

# çaga otagy
# παιδικό δωμάτιο

oýaryjy
ξυπνητήρι
ýumşak oýnawaç
λούτρινο ζωάκι
oýnawaç awtoulag
αυτοκινητάκι
şakyrdawukly oýnawaç
κουδουνίστρα
gurjak öýi
κουκλόσπιτο
sowgat
δώρο

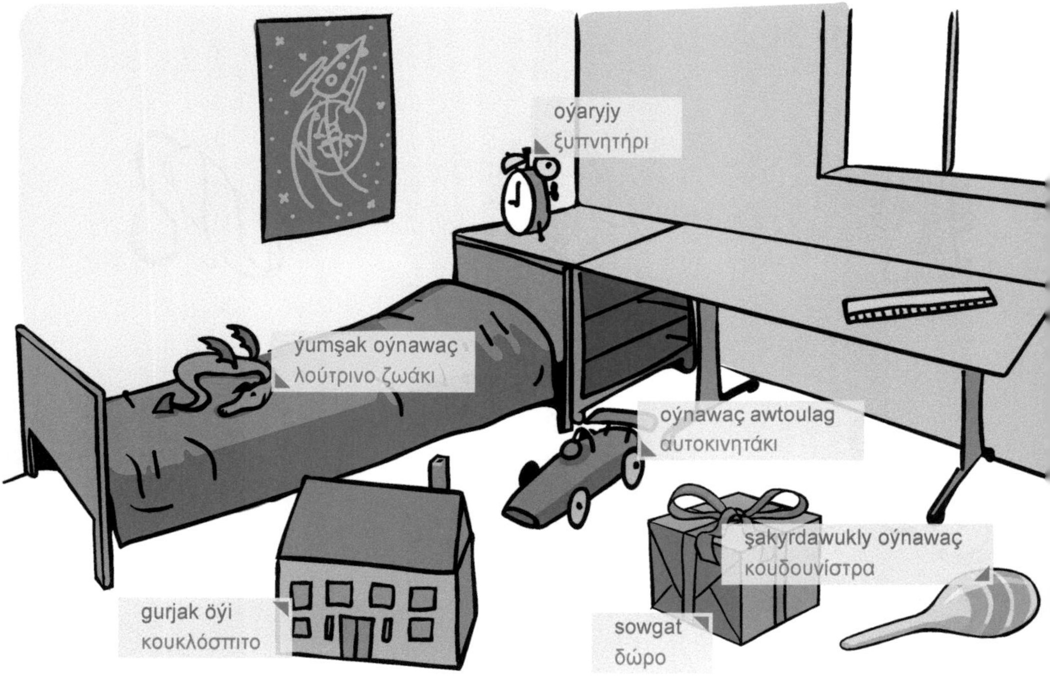

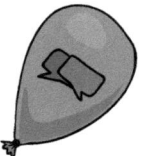

howaly şar

μπαλόνι

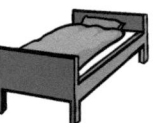

ýatakça

κρεβάτι

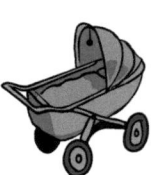

çaga arabasy

καροτσάκι

kart oýny

τράπουλα

pazl

παζλ

SUPER
MEGA

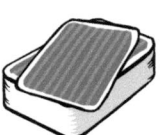

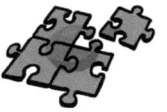

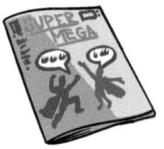

komiks

κόμικς

Lego kerpiçleri

τουβλάκια lego

kubikler

τουβλάκια κατασκευών

oýnawaç şekil

φιγούρα δράσης

çagalar üçin joraply balak

βρεφικό φορμάκι

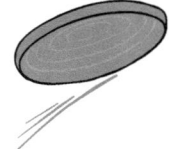

frisbi

φρίσμπι

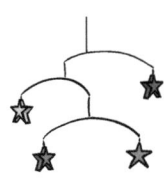

mobile

μόμπιλο

stolüsti oýun

επιτραπέζιο παιχνίδι

kubik

ζάρια

demir ýolunyň modeli

σετ τρενάκι

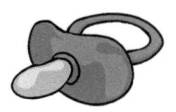

soska

πιπίλα

şagalaň

πάρτι

şekilli kitap

εικονογραφημένο βιβλίο

top

μπάλα

gurjak

κούκλα

oýnamak

παίζω

**çäge aýmança**
σκάμμα με άμμο

**hiňňildik**
κούνια

**oýnawaç**
παιχνίδια

**oýun pristawkasy**
κονσόλα βιντεοπαιχνιδιών

**üç tigirli welosiped**
τρίκυκλο

**plýuşadan aýyjyk**
αρκουδάκι

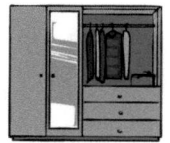

**egin-eşik üçin şkaf**
ντουλάπα

# egin-eşik

## ρούχα

**jorap**
κάλτσες

**çulki**
καλτσοδέτες

**kolgotka**
καλσόν

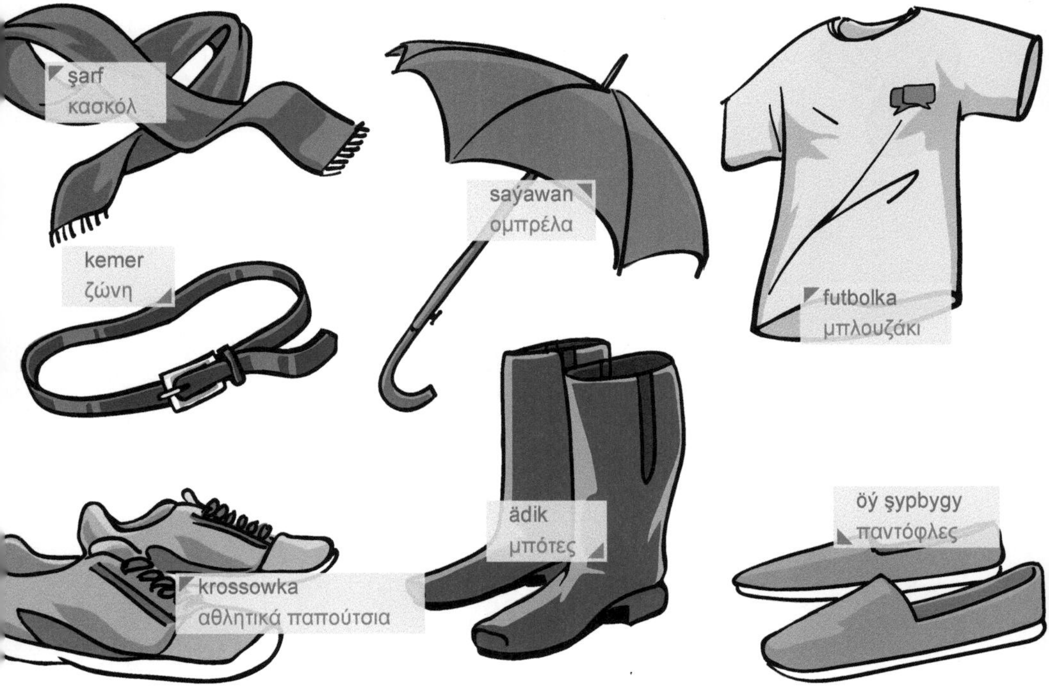

şarf
κασκόλ

saýawan
ομπρέλα

kemer
ζώνη

futbolka
μπλουζάκι

ädik
μπότες

krossowka
αθλητικά παπούτσια

öý şypbygy
παντόφλες

sandaliýa
σανδάλια

aýakgap
παπούτσια

rezin ädik
γαλότσες

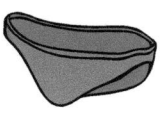

türsük
εσώρουχο

göwüslik
σουτιέν

maýka
φανέλα

bodi

σώμα

jalbar

παντελόνι

jins

τζιν παντελόνι

ýubka

φούστα

bluzka

μπλούζα

köýnek

πουκάμισο

switer

πουλόβερ

switer

πουλόβερ

sport keltekçesi

σακάκι

žaket

μπουφάν

palto

παλτό

plaş

αδιάβροχο πανωφόρι

kostýum

κοστούμι

köýnek

φόρεμα

toý köýnegi

νυφικό

erkek üçin kostýum

κοστούμι

ýatyş köýnegi

νυχτικό

pižama

πιτζάμες

sari

σάρι

ýaglyk

μαντήλι

selle

τουρμπάνι

perenji

μπούρκα

kaftan

καφτάνι

abaýa

μουσουλμανικό ένδυμα

suwa düşmek üçin lybas

ολόσωμο μαγιό

plawki

ανδρικό μαγιό

şorty

σορτς

sport lybasy

αθλητική φόρμα

öñlük

ποδιά

ellik

γάντια

ilik

κουμπί

äýnek

γυαλιά

bilezik

βραχιόλι

zynjyr

περιδέραιο

ýüzük

δαχτυλίδι

syrga

σκουλαρίκι

papak

καπέλο

geýim asgyç

κρεμάστρα

şlýapa

καπέλο

galstuk

γραβάτα

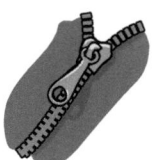

syrma

φερμουάρ

şlem

κράνος

egnaşyr kemer

τιράντες

mekdep lybasy

μαθητική στολή

lybas

στολή

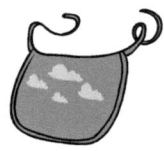

çaga döşlügi

σαλιάρα

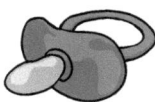

soska

πιπίλα

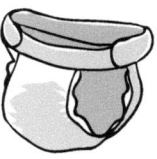

arlyk

πάνα

# ofis

## γραφείο

serwer
σέρβερ
kanselýariýa şkafy
αρχειοθήκη
printer
εκτυπωτής
kagyz
χαρτί
monitor
οθόνη
syçanjyk
ποντίκι
ýazuw stoly
γραφείο
papka
ντοσιέ
klawiatura
πληκτρολόγιο
oturgyç
καρέκλα
kagyz üçin sebet
καλάθι αχρήστων
kompýuter
υπολογιστής

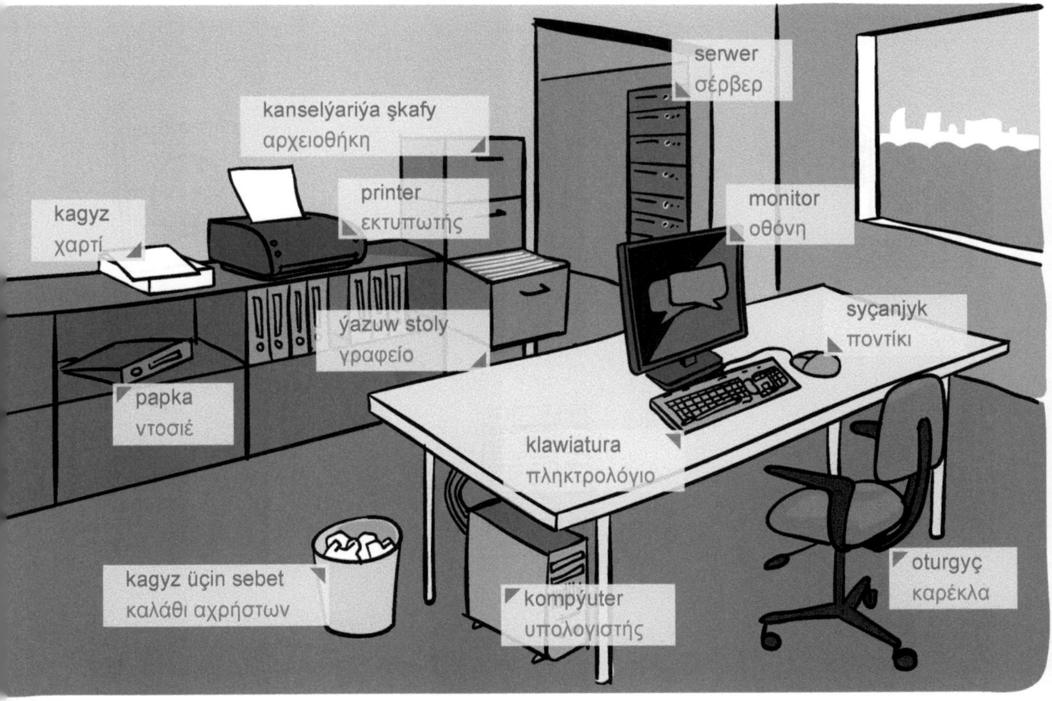

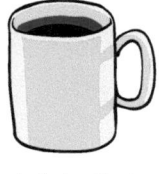

kofe kružkasy

κούπα του καφέ

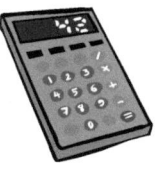

kalkulýator

κομπιουτεράκι

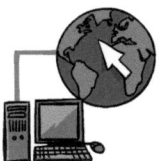

internet

ίντερνετ

noutbuk

λάπτοπ

hat

γράμμα

habar

μήνυμα

öýjükli telefon

κινητό

tor

δίκτυο

kseroks

φωτοτυπικό μηχάνημα

programma

λογισμικό

telefon

τηλέφωνο

rozetka

πρίζα

faks

συσκευή φαξ

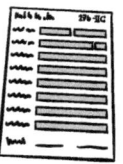

formulýar

έντυπο

resminama

έγγραφο

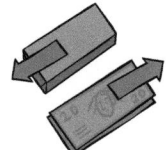

satyn almak

αγοράζω

tölemek

πληρώνω

söwda etmek

συναλλάσσομαι

pul

χρήματα

dollar

δολάριο

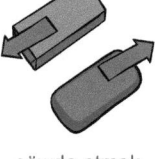

ýewro

ευρώ

iena

γιεν

rubl

ρούβλι

frank

ελβετικό φράγκο

ženminbi ýuan

ρενμίνμπι γιουάν

rupiýa

ρουπία

bankomat

ΑΤΜ (αυτόματη ταμειακή μηχανή)

walýuta çalyşmak üçin bent

ανταλλακτήρια
συναλλάγματος

altyn

χρυσός

kümüş

ασήμι

nebit

πετρέλαιο

energiýa

ενέργεια

baha

τιμή

şertnama

συμβόλαιο

salgyt

φόρος

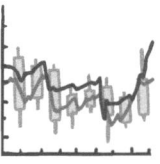

paýnama

μετοχή

işlemek

δουλεύω

gullukçy

υπάλληλος

iş beriji

εργοδότης

fabrik

εργοστάσιο

dükan

κατάστημα

milisiýanyň işgäri
αστυνόμος

ýangyn södüriji
πυροσβέστης

aşpez
μάγειρας

lukman
γιατρός

uçarman
πιλότος

bagban

κηπουρός

agaç ussasy

ξυλουργός

tikinçi

μοδίστρα

kazy

δικαστής

himik

χημικός

aktýor

ηθοποιός

awtobus sürüjisi

οδηγός λεωφορείου

taksiçi

ταξιτζής

balykçy

ψαράς

tam süpüriji

καθαρίστρια

üçek basyrýan ussa

τεχνίτης στεγών

ofisiant

σερβιτόρος

awçy

κυνηγός

suratçy

ζωγράφος

çörekçi

αρτοποιός

elektrik

ηλεκτρολόγος

gurluşykçy

οικοδόμος

inžener

μηχανολόγος

gassap

κρεοπώλης

santehnik

υδραυλικός

hatçy

ταχυδρόμος

esger
στρατιώτης

binagär
αρχιτέκτονας

pulhanaçy
ταμίας

floraçy
ανθοπώλης

dellekçi
κομμωτής

konduktor
ελεγκτής εισιτηρίων

mehanik
μηχανικός

kapitan
καπετάνιος

diş lukmany
οδοντίατρος

alym
επιστήμονας

rawwin
ραβίνος

imam
ιμάμης

monah
μοναχός

ruhany
ιερέας

# gurallar
# εργαλεία

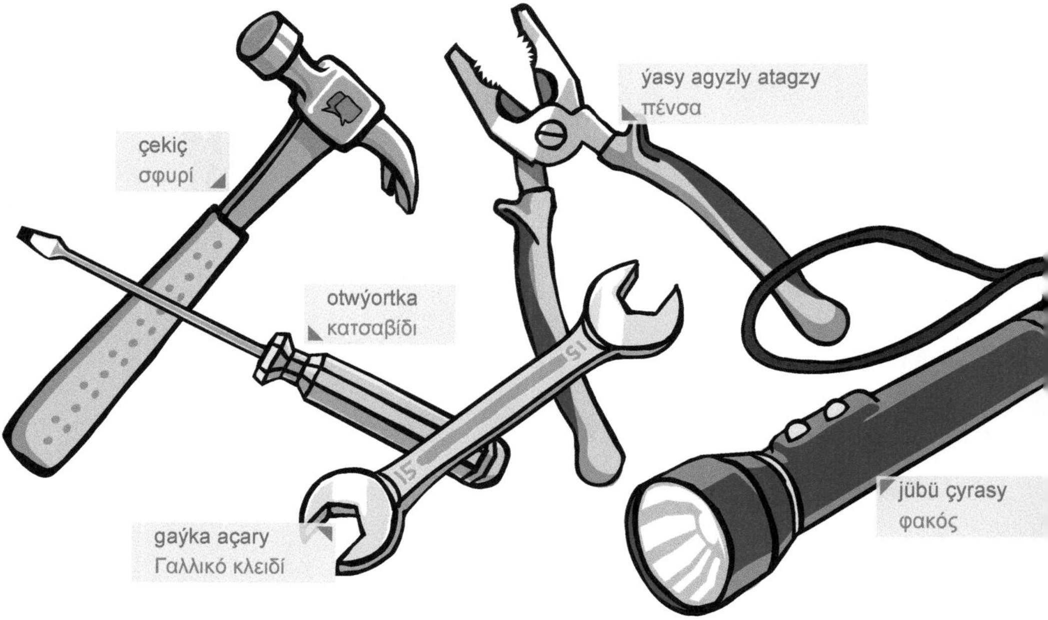
çekiç
σφυρί
ýasy agyzly atagzy
πένσα
otwýortka
κατσαβίδι
gaýka açary
Γαλλικό κλειδί
jübü çyrasy
φακός

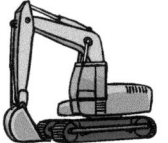

ekskawator

εκσκαφέας

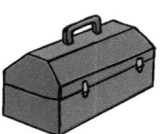

gurallar üçin gap

εργαλειοθήκη

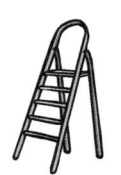

merdiwan

σκάλα

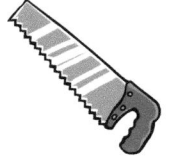

byçgy

πριόνι

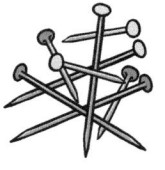

çüýler

καρφιά

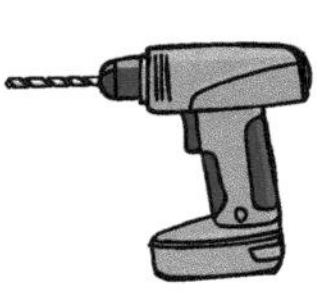

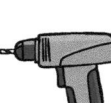

drel

τρυπάνι

abatlamak

επισκευάζω

pil

φτυάρι

Bolmandyr!

Να πάρει!

susguç

φαράσι

boýagly bedre

δοχείο χρωμάτων

nurbatlar

βίδες

## saz gurallary
## μουσικά όργανα

kakylyp çalynýan saz guraly
ντραμς

batly gürleýji
μεγάφωνο

gitara
κιθάρα

kontrabas
κοντραμπάσο

turba
τρομπέτα

pianino

πιάνο

skripka

βιολί

bas-gitara

μπάσο

nagara

τύμπανα

deprek

τύμπανο

sintezator

πλήκτρα

saksafon

σαξόφωνο

fleýta

φλάουτο

mikrofon

μικρόφωνο

# haýwanat bagy
# ζωολογικός κήπος

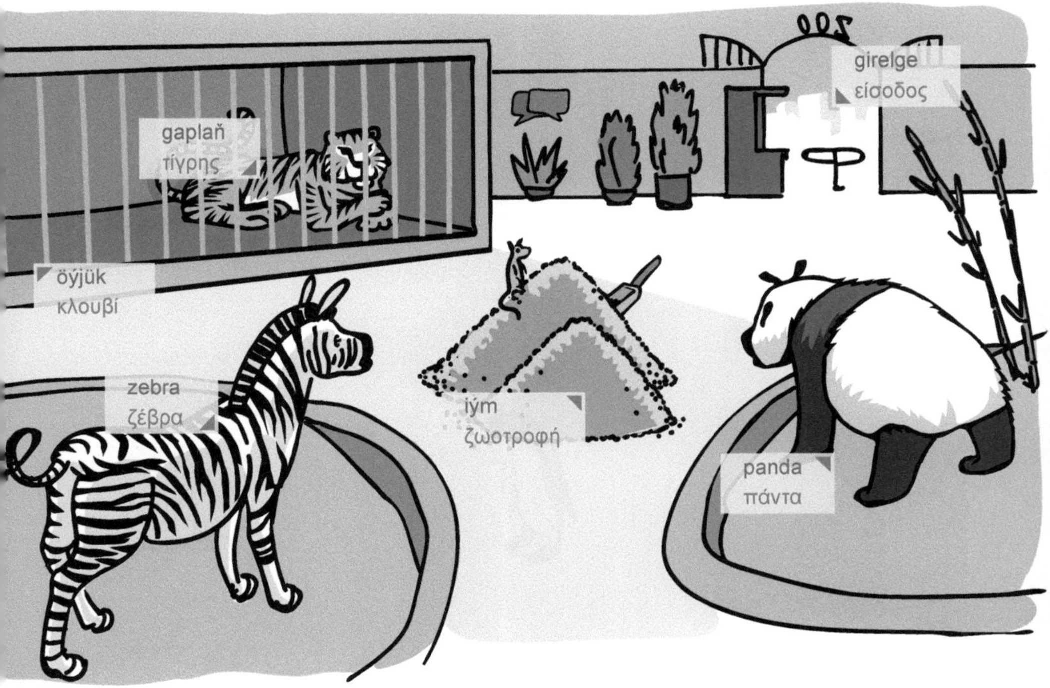
girelge
είσοδος
gaplaň
τίγρης
öýjük
κλουβί
zebra
ζέβρα
iým
ζωοτροφή
panda
πάντα

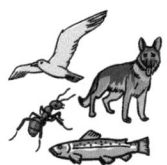

haýwanlar

ζώα

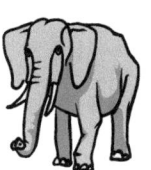

pil

ελέφαντας

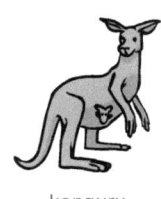

kenguru

καγκουρό

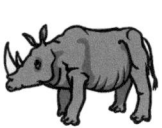

nosorog

ρινόκερος

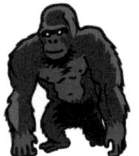

gorilla

γορίλας

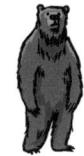

aýy

αρκούδα

düýe

καμήλα

düýeguş

στρουθοκάμηλος

ýolbars

λιοντάρι

maýmyn

πίθηκος

gyzylinjik

φλαμίνγκο

hindiguş

παπαγάλος

ak aýy

πολική αρκούδα

pingwin

πιγκουίνος

akula

καρχαρίας

tawus

παγώνι

ýylan

φίδι

krokodil

κροκόδειλος

haýwanat bagynyň
gullukçysy

φύλακας ζωολογικού κήπου

düwlen

φώκια

ýaguar

τζάγκουαρ

poni
πόνυ

gaplaň
λεοπάρδαλη

begemot
ιπποπόταμος

žiraf
καμηλοπάρδαλη

bürgüt
αετός

ýekegapan
αγριογούρουνο

balyk
ψάρι

pyşbaga
χελώνα

suwpişik
θαλάσσιος ίππος

tilki
αλεπού

jeren
γαζέλα

amerikan
Αμερικάνικο ποδόσφαιρο

tigir sürmek
ποδηλασία

tennis
αντισφαίριση

basketbol
μπάσκετ

ýüzme
κολύμβηση

boks
πυγχαμία

hokkeý
χόκεϋ επί πάγου

futbol

ποδόσφαιρο

badminton

μπάντμιντον

ýeňil atletika

στίβος

gandbol

χάντμπολ

lyža sporty

σκι

polo

πόλο

bökmek
πηδάω

gujaklamak
αγκαλιάζω

gülmek
γελάω

gitmek
περπατάω

aýdym aýtmak
τραγουδάω

arzuw etmek
ονειρεύομαι

dilemek
προσεύχομαι

öpmek
φιλάω

ýazmak
γράφω

surat çekmek
σχεδιάζω

görkezmek
δείχνω

basmak
πιέζω

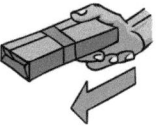

bermek
δίνω

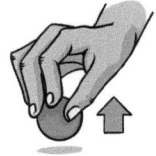

almak
παίρνω

eýe bolmak

έχω

etmek

κάνω

bolmak

είμαι

durmak

στέκομαι

ylgamak

τρέχω

çekmek

τραβάω

taşlamak

ρίχνω

gaçmak

πέφτω

ýatmak

ξαπλώνω

garaşmak

περιμένω

götermek

κουβαλώ

oturmak

κάθομαι

geýmek

φοράω

ýatmak

κοιμάμαι

oýanmak

ξυπνάω

görmek
κοιτάω

aglamak
κλαίω

sypalamak
χαϊδεύω

daramak
χτενίζω

gürlemek
μιλάω

düşünmek
καταλαβαίνω

soramak
ρωτάω

diňlemek
ακούω

içmek
πίνω

iýmek
τρώω

tertipleşdirmek
συγυρίζω

söymek
αγαπάω

taýýarlmak
μαγειρεύω

gitmek
οδηγώ

uçmak
πετάω

ýelkeni ýaýyp gitmek

κάνω ιστιοπλοΐα

hasaplamak

υπολογίζω

okamak

διαβάζω

okamak

μαθαίνω

işlemek

δουλεύω

nikalaşmak

παντρεύομαι

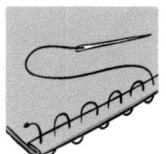

dikmek

ράβω

dişiňi arassalamak

βουρτσίζω τα δόντια

öldürmek

σκοτώνω

çilim çekmek

καπνίζω

ugratmak

στέλνω

# maşgala
# οικογένεια

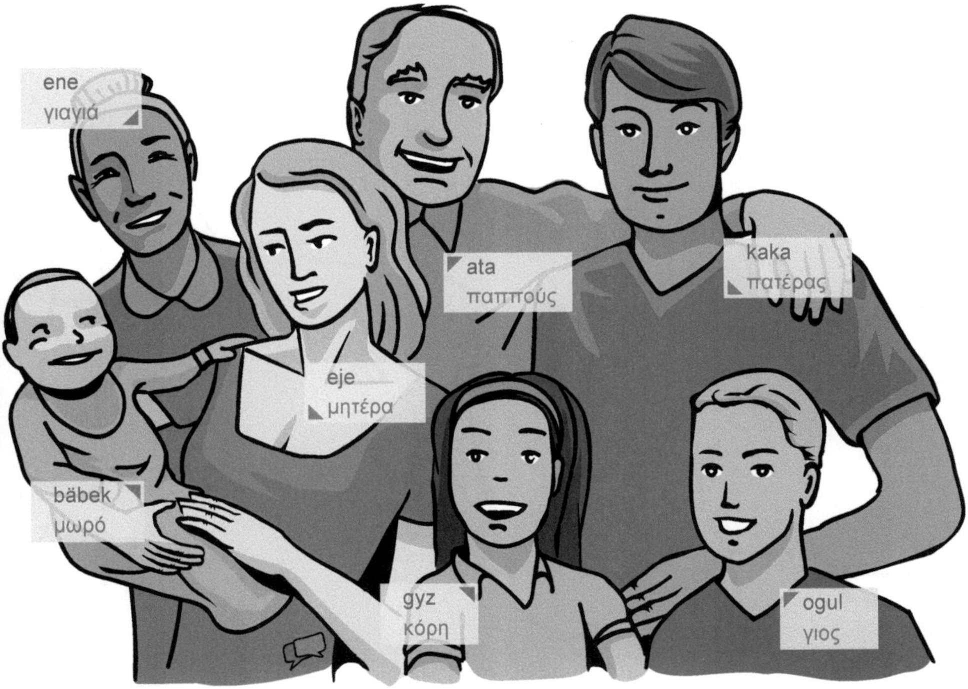

ene
γιαγιά
ata
παππούς
kaka
πατέρας
eje
μητέρα
bäbek
μωρό
gyz
κόρη
ogul
γιος


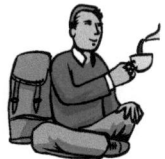

myhman
καλεσμένος

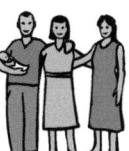

daýza
θεία

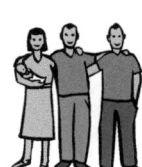

daýy
θείος

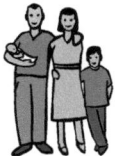

aga
αδελφός

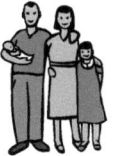

uýa
αδελφή

# ten

## σώμα

maňlaý
μέτωπο
göz
μάτι
egin
ώμος
barmak
δάχτυλο
ýüz
πρόσωπο
äň
πιγούνι
penje
χέρι
aýak
πόδι
döş
στήθος
el
βραχίονας


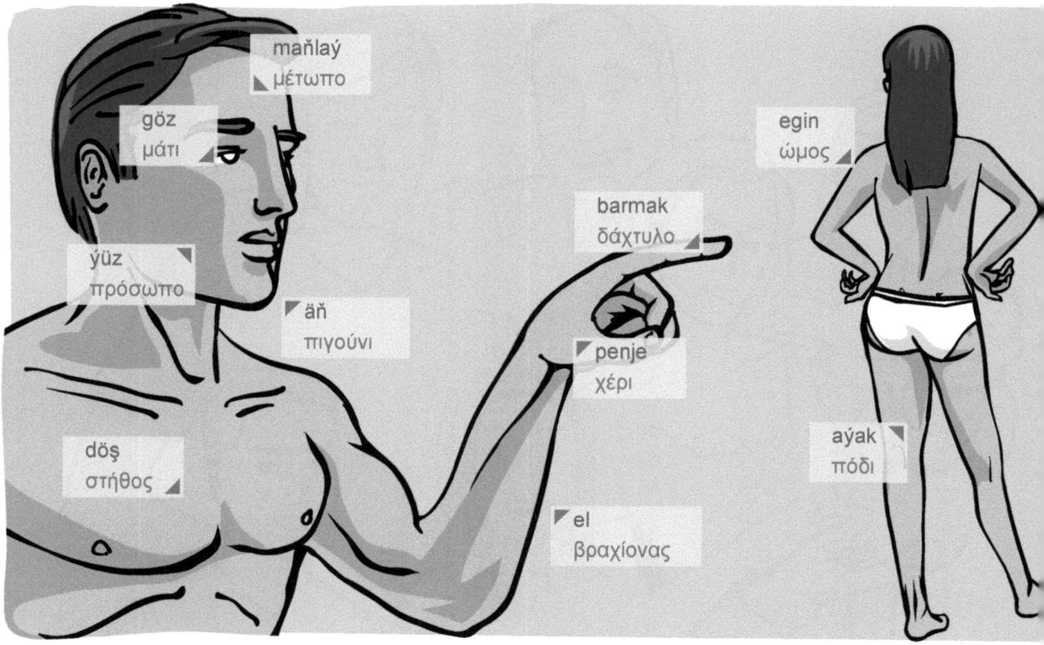

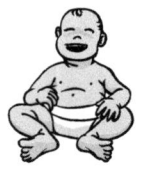

bäbek

μωρό

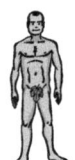

erkek

άνδρας

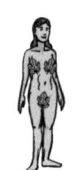

aýal

γυναίκα

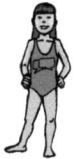

gyz

κορίτσι

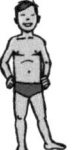

oglan

αγόρι

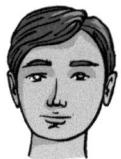

kelle

κεφάλι

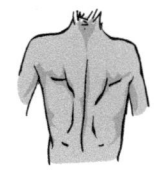

arka

πλάτη

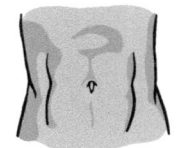

garyn

κοιλιά

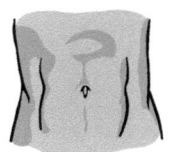

göbek

αφαλός

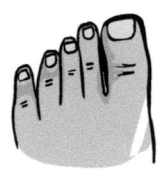

aýak barmagy

δάχτυλο ποδιού

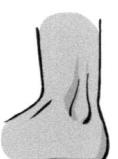

ökje

φτέρνα

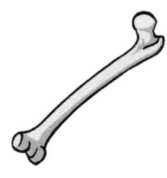

süňk

κόκκαλο

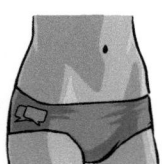

but

γοφός

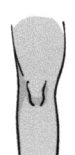

dyz

γόνατο

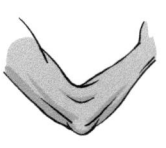

tirsek

αγκώνας

burun

μύτη

ýanbaş

γλουτός

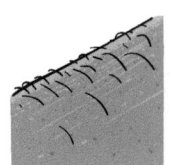

deri

δέρμα

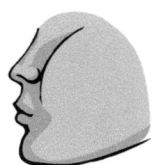

ýaňak

μάγουλο

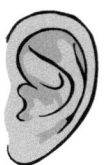

gulak

αυτί

dodak

χείλος

agyz

στόμα

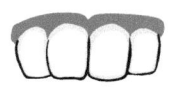

diş

δόντι

dil

γλώσσα

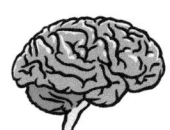

beýni

εγκέφαλος

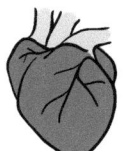

ýürek

καρδιά

myşsa

μυς

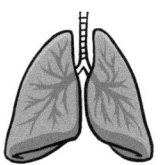

öýken

πνεύμονας

bagyr

συκώτι

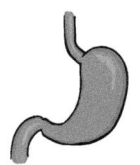

aşgazan

στομάχι

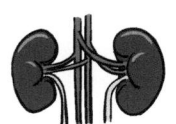

böwrek

νεφρά

jyns ýakynlygy

σεξουαλική επαφή

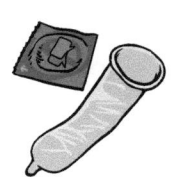

prezerwatiw

προφυλακτικό

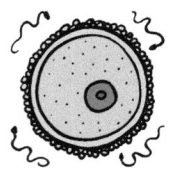

erkeklik jyns öýjügi

ωάριο

tohumlyk

σπέρμα

göwrelilik

εγκυμοσύνη

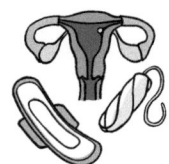

bil açylma

περίοδος

wagina

γυναικείος κόλπος

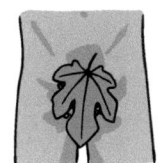

erkek jyns agzasy

πέος

gaş

φρύδι

saç

μαλλιά

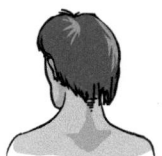

boýun

λαιμός

# hassahana
# νοσοκομείο

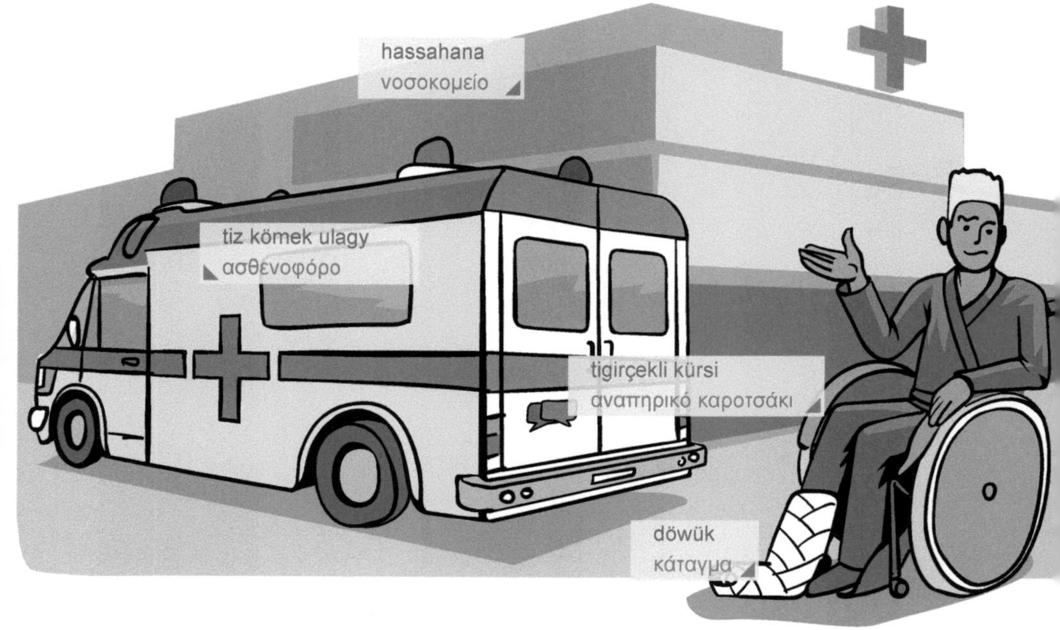

hassahana
νοσοκομείο
tiz kömek ulagy
ασθενοφόρο
tigirçekli kürsi
αναπηρικό καροτσάκι
döwük
κάταγμα

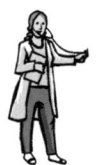

lukman
γιατρός

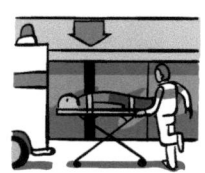

ilkinji kömek nokady
μονάδα εντατικής θεραπείας

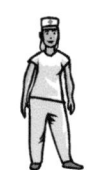

şepagat uýasy
νοσοκόμα

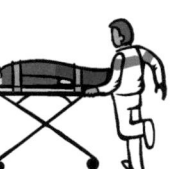

gaýragoýulmasyz ýagdaý
έκτακτη ανάγκη

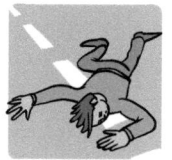

özüni bilmän
λιπόθυμος

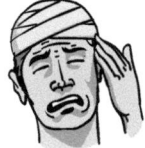

agyry
πόνος

zeper ýetme

τραύμα

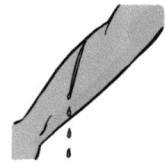

gan akmasy

αιμορραγία

infarkt

έμφραγμα

insult

εγκεφαλικό

allergiýa

αλλεργία

üsgülik

βήχας

ýokarlanan temperatura

πυρετός

dümew

γρίπη

içgeçme

διάρροια

kelle agyrysy

πονοκέφαλος

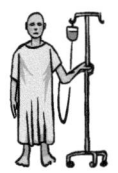

rak

καρκίνος

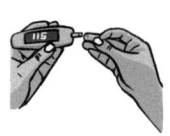

diabet

διαβήτης

hirurg

χειρουργός

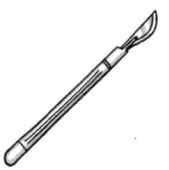

skalpel

νυστέρι

operasiýa

εγχείρηση

iýmit siňdirýän ortlaryň jemi

αξονική τομογραφία

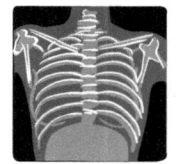

rentgen

ακτινογραφία

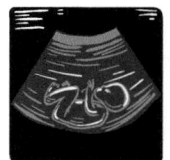

ultrases

υπέρηχος

maska

μάσκα

kesel

ασθένεια

kabulhana

αίθουσα αναμονής

pişek

πατερίτσα

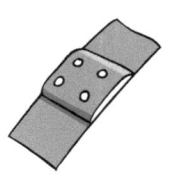

plastyr

χάνσαπλαστ

bint

επίδεσμος

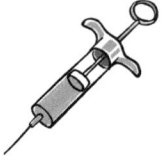

sanjym

ένεση

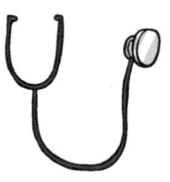

stetoskop

στηθοσκόπιο

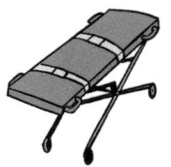

zemmer

φορείο

termometr

θερμόμετρο

dogluş

γέννηση

artykmaç agram

υπέρβαρο

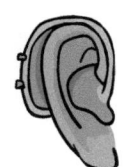

eşidiş abzaly

ακουστικό βαρηκοΐας

zyýansyzlandyryjy serişde

αντισηπτικό

ýokanç

λοίμωξη

wirus

ιός

WIÇ/ AIDS

HIV/AIDS

derman

φάρμακο

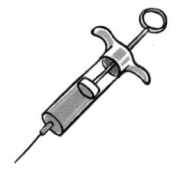

öňüni alyş sanjymy

εμβολιασμός

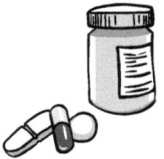

gerdejikler

δισκία

göwreli bolmakdan goraýan gerdejik

χάπι

aýragoýulmasyz çagyryş

κλήση έκτακτης ανάγκης

gan basyşyny ölçeýji abzal

πιεσόμετρο αίματος

näsag / sagdyn

άρρωστος / υγιής

Körnek ediň!

Βοήθεια!

howsala signaly

συναγερμός

çozuş

βιαιοπραγία

hüjüm

επίθεση

howp

κίνδυνος

ätiýaçlyk çykalgasy

έξοδος κινδύνου

Ýangyn!

Φωτιά!

ot söndürijisi

πυροσβεστήρας

betbagtçylykly ýagdaý

ατύχημα

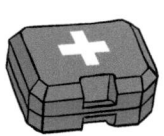

derman gutujygy

κουτί πρώτων βοηθειών

SOS

SOS

milisiýa

αστυνομία

Ýewropa

Ευρώπη

Demirgazyk Amerika

Βόρεια Αμερική

Günorta Amerika

Νότια Αμερική

Afrika

Αφρική

Aziýa

Ασία

Awstraliýa

Αυστραλία

Atlantika ummany

Ατλαντικός Ωκεανός

Ýuwaş umman

Ειρηνικός Ωκεανός

Hindi ummany

Ινδικός Ωκεανός

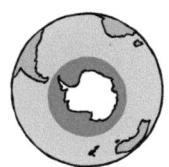

Antarktika ummany

Ανταρκτικός Ωκεανός

Demirgazyk Buzly umman

Αρκτικός Ωκεανός

Demirgazyk polýusy

Βόρειος Πόλος

Günorta polýusy

Νότιος Πόλος

Antarktida

Ανταρκτική

zemin

Γη

gury ýer

γη

deňiz

θάλασσα

ada

νησί

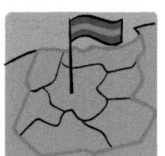

millet

έθνος

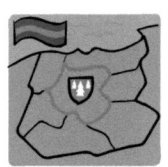

döwlet

πολιτεία

siferblat

καντράν ρολογιού

sagadyň dili

ωροδείκτης

minut görkezýän dil

λεπτοδείκτης

sekundy görkezýän dil

δείκτης δευτερολέπτων

sagat näçe?

Τι ώρα είναι;

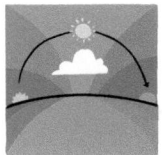

gün

ημέρα

wagt

χρόνος

häzir

τώρα

elektron sagady

ψηφιακό ρολόι

minut

λεπτό

sagat

ώρα

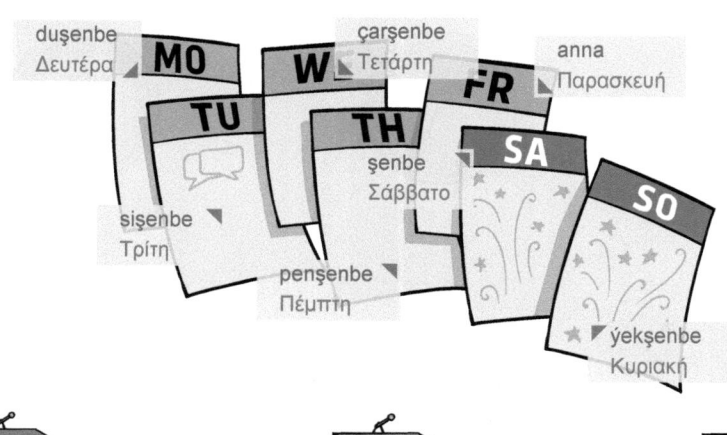

duşenbe / Δευτέρα — MO
çarşenbe / Τετάρτη — W
anna / Παρασκευή — FR
TU
TH
şenbe / Σάββατο — SA
sişenbe / Τρίτη
SO
penşenbe / Πέμπτη
ýekşenbe / Κυριακή

düýn
χθες

şu gün
σήμερα

ertir
αύριο

säher
πρωί

günortan
μεσημέρι

agşamlyk
βράδυ

iş günler
εργάσιμες ημέρες

dynç günler
Σαββατοκύριακο

# ýyl
## έτος

ýagyş
βροχή
älemgoşar
ουράνιο τόξο
şemal
άνεμος
gar
χιόνι
ýaz
άνοιξη
güýz
φθινόπωρο
tomus
καλοκαίρι
gyş
χειμώνας

4.APRIL 11°
5.APRIL 4°
6.APRIL 13°
7.APRIL 8°
8.APRIL 10°

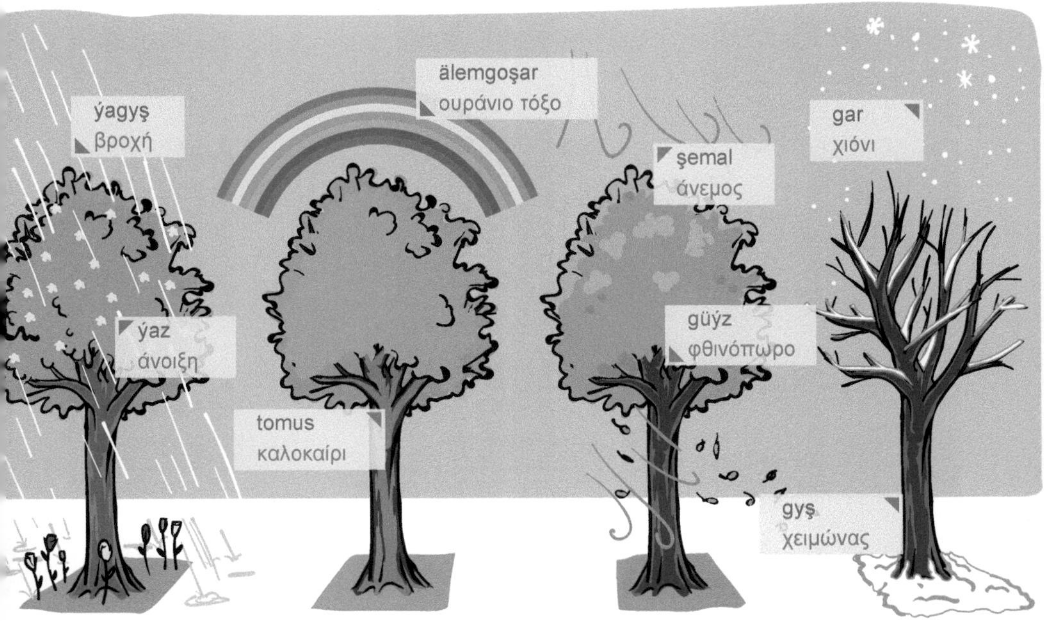

howa maglumaty

πρόγνωση καιρού

F
C
120
90
60
30
0
-30
40
30
20
10
0
-10
-20

termometr

θερμόμετρο

gün ýagtylygy

λιακάδα

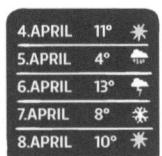

gara bulut

σύννεφο

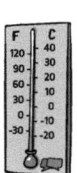

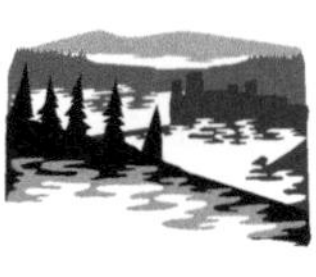

ümür

ομίχλη

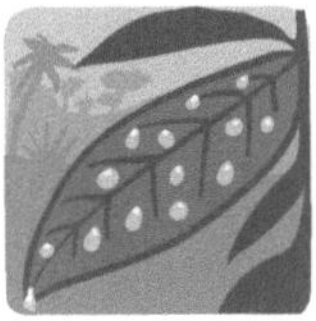

howanyň çyglylygy

υγρασία

ýyldyrym

αστραπή

gök gümmürdisi

κεραυνός

tupan

καταιγίδα

doly

χαλάζι

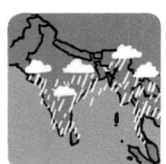

musson

μουσώνας

suw alma

πλημμύρα

buz

πάγος

ýanwar

Ιανουάριος

fewral

Φεβρουάριος

mart

Μάρτιος

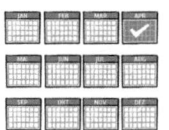

aprel

Απρίλιος

maý

Μάιος

iýun

Ιούνιος

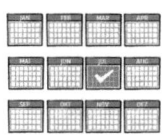

iýul

Ιούλιος

awgust

Αύγουστος

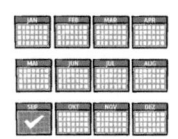

sentýabr
Σεπτέμβριος

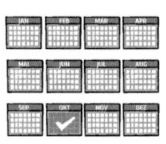

oktýabr
Οκτώβριος

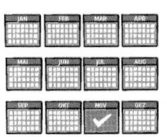

noýabr
Νοέμβριος

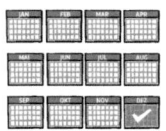

dekabr
Δεκέμβριος

## görnüşler
## σχήματα

tegelek
κύκλος

kwadrat
τετράγωνο

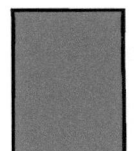

göniburçluk
ορθογώνιο
παραλληλόγραμμο

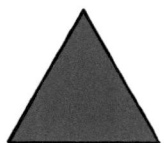

üçburçluk
τρίγωνο

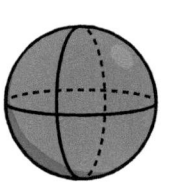

şar
σφαίρα

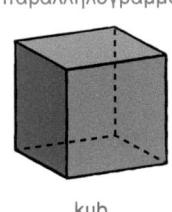

kub
κύβος

ak

άσπρο

sary

κίτρινο

mämişi

πορτοκαλί

gülgüne

ροζ

gyzyl

κόκκινο

liliýa reňkli

μωβ

gök

μπλε

ýaşyl

πράσινο

goňur

καφέ

çal

γκρι

gara

μαύρο

köp / az

πολύ / λίγο

gazaply / asuda

θυμωμένος / ήρεμος

owadan / betnyşan

όμορφος / άσχημος

başy / soňy

αρχή / τέλος

uly / kiçi

μεγάλος / μικρός

açyk / garaňky

φωτεινός / σκοτεινός

oglan dogan / gyz dogan

αδελφός / αδελφή

arassa / hapa

καθαρός / λερωμένος

doly / doly däl

πλήρης / ατελής

gündiz / gije

ημέρα / νύχτα

jansyz / diri

νεκρός / ζωντανός

giň / dar

φαρδύς / στενός

iýilýän / iýilmeýän

βρώσιμος / μη βρώσιμος

gaharly / dostlukly

κακός / ευγενικός

tolgunly / tukat

ενθουσιασμένος / βαριεστημένος

çişik / hor

παχύς / λεπτός

başda / soňunda

πρώτος / τελευταίος

dost / duşman

φίλος / εχθρός

doly / boş

γεμάτος / άδειος

berk / ýumşak

σκληρός / μαλακός

agyr / ýeňil

βαρύς / ελαφρύς

açlyk / teşnelik

πείνα / δίψα

näsag / sagdyn

άρρωστος / υγιής

bikanun / kanuny

παράνομος / νόμιμος

akyly / akmak

έξυπνος / χαζός

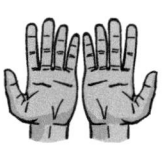

çepde / sagda

αριστερός / δεξιός

ýakyn / daş

κοντινός / μακρινός

täze / ulanylan

καινούριος /
μεταχειρισμένος

hiç zat / bir zat

τίποτα / κάτι

garry / ýaş

γέρος | νέος

ýakylan / söndürilen

αναμμένος / σβηστός

açyk / ýapyk

ανοιχτός / κλειστός

ýuwaş / gaty

χαμηλόφωνος /
μεγαλόφωνος

baý / garyp

πλούσιος / φτωχός

dogry / nädogry

σωστός / λανθασμένος

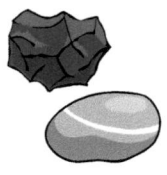

büdür-südür / tekiz

τραχύς / λείος

gamgyly / şatlykly

λυπημένος / χαρούμενος

gysga / uzyn

κοντός / μακρύς

haýal / tiz

αργός / γρήγορος

öl / gury

υγρός / στεγνός

ýyly / sowuk

ζεστός / δροσερός

uruş / parahatçylyk

πόλεμος / ειρήνη

| **0** | **1** | **2** |
|---|---|---|
| nul | bir | iki |
| μηδέν | ένα | δύο |

| **3** | **4** | **5** |
|---|---|---|
| üç | dört | bäş |
| τρία | τέσσερα | πέντε |

| **6** | **7** | **8** |
|---|---|---|
| alty | ýedi | sekiz |
| έξι | εφτά | οκτώ |

| **9** | **10** | **11** |
|---|---|---|
| dokuz | on | on bir |
| εννιά | δέκα | έντεκα |

| **12** | **13** | **14** |
|---|---|---|
| on iki | on üç | on dört |
| δώδεκα | δεκατρία | δεκατέσσερα |

| **15** | **16** | **17** |
|---|---|---|
| on bäş | on alty | on ýedi |
| δεκαπέντε | δεκαέξι | δεκαεφτά |

| **18** | **19** | **20** |
|---|---|---|
| on sekiz | on dokuz | ýigrimi |
| δεκαοκτώ | δεκαεννέα | είκοσι |

| **100** | **1.000** | **1.000.000** |
|---|---|---|
| ýüz | müň | million |
| εκατό | χίλια | εκατομμύριο |

iñlis
Αγγλικά

amerikan iñlis
Αμερικάνικα Αγγλικά

mandarin hytaý
Μανδαρίνικα Κινέζικα

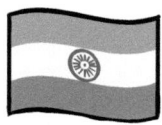

hindi
Χίντι

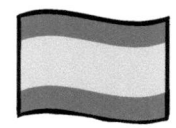

ispan
Ισπανικά

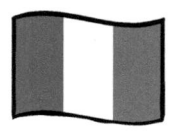

fransuz
Γαλλικά

arap
Αραβικά

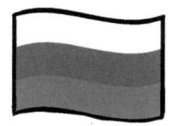

rus
Ρώσικα

portugal
Πορτογαλικά

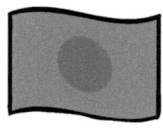

bengal
Μπενγκάλι

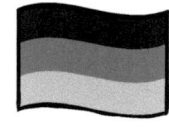

nemes
Γερμανικά

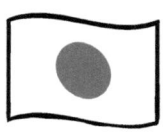

ýapon
Ιαπωνικά

men

εγώ

sen

εσύ

ol (oglan) / ol (gyz) / ol
(jansyz zat)

αυτός / αυτή / αυτό

biz

εμείς

siz

εσείς

olar

αυτοί / αυτές / αυτά

kim?

ποιος / ποια / ποιο;

näme?

τι;

nähili?

πώς;

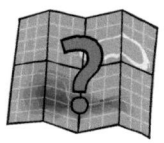

nirede?

πού;

haçan?

πότε;

ady

όνομα

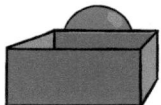

yzynda

πίσω

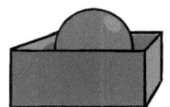

içinde

μέσα

öñünde

μπροστά

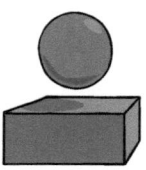

bir zadyň üsti

πάνω από

üstünde

πάνω

aşagynda

κάτω

ýanynda

δίπλα

arasynda

ανάμεσα

ýer

μέρος